教师用书系列

美德教育心得

唐雪冬 著

北京出版集团公司
北京教育出版社

图书在版编目（CIP）数据

美德教育心得 / 唐雪冬著 . — 北京：北京教育出版社，2020.1
（教师用书系列）
ISBN 978-7-5704-0390-5

Ⅰ.①美… Ⅱ.①唐… Ⅲ.①德育—教学研究—初中
Ⅳ.① G631

中国版本图书馆 CIP 数据核字 (2018) 第 146081 号

教师用书系列
美德教育心得

唐雪冬　著

*

北京出版集团公司
北京教育出版社　出版
（北京北三环中路 6 号）
邮政编码：100120
网址：www.bph.com.cn
北京出版集团公司总发行
全国各地书店经销
天津兴湘印务有限公司印刷

*

710×1000　　16 开本　　8 印张　　100 千字
2020 年 1 月第 1 版　　2020 年 1 月第 1 次印刷
ISBN 978-7-5704-0390-5
定价：30.00 元

版权所有　翻印必究

质量监督电话：（010）58572393 58572817　58572750

目　录

第一编　初中政治教学

吸引你的学生，爱上你的课

我的政治课

第一篇　初中政治的终极目的

一、以情引课，带入本我

1. 寓情于教，引起学生兴趣。

情境教学并不是现代教学的产物，在中外教育史上早已源远流长。早在一千多年前刘勰的《文心雕龙》中就有"情以物迁，辞以情发"的提法；清代王国维在《人间词话》中有"境非独谓景物也。喜怒哀乐，亦人心中之一境界"的论述；现代教育家叶圣陶老先生的《语文教学二十韵》中有"作者胸有境，入境始与亲"的名言。政治课的情境教学尤为重要。激发学生的政治学习兴趣，学生的学习就会积极主动，学生的学习就会学得轻松而有成效。如，在教学"我爱我家"一课时，教师一边播放《吉祥三宝》这首歌，一边提问："在这个温馨的家里，你这个可爱的宝宝诞生时，爸爸妈妈绞尽脑汁为你起了一个好听且赋有含义的名字，你知道自己名字所隐含的寓意吗？"学生情绪高涨，跃跃欲试。

在介绍自己和听别人介绍名字含义的过程中，学生们的情感在悄悄地发生变化，他们深深地感受到了父母以及家人对自己的爱，感受到了父母是多么希望孩子能健康成长，有所作为。教师趁机导入新课："一个个美妙动听的名字，寄予了家人深沉的爱，从我们出生的那一刻起，就被家人的爱所包围。那么，你们认为家是什么？怎样让爱永住我们的家呢？现在就让我们一起走进文本，再一次感受家庭的温馨，感受父母对自己的呵护，感受自己与父母亲密无间的亲情，从中我们也再一次体会父母对子女无私的奉献。"教师引导学生多思多问，激发学生浓厚的创新意识。教师要加倍爱护学生的这种好奇心，迎来创新的使者，拉开政治课的序幕。同时也加深了学生对父母的爱，达到了政治课的教学意义。

2. 提出问题，引导学生思索。

会质疑是学生学习的前提。疑能使学生心理上感到困惑，产生认知上的冲突，从而激发学生下一步学习的需求，需求就是动力。教学中教师应解放学生的嘴，给学生发表独立见解的机会，鼓励他们向老师质疑，向课本质疑，向同学质疑。巴尔扎克曾说过："打开一切科学大门的钥匙都毫无疑义地是问号，开发学生的潜能，必须鼓励学生从质疑开始。"学生脑子里有了疑问，就会进一步去思考，进而有所发现，有所创新。哪怕是错误，是失败，也是一种经验。在初中政治课教学的过程中，教师要创设一种需要学生质疑的教学情境，让学生在活动中主动质疑，自主发现问题，大胆质疑，促进学生创造思维的发展。

如，在教学人教版八年级道德与法治"自觉维护正义"时，我选取了电视剧《人民的名义》中满屋子人民币的一个场景向学生提问："当时如果你在这间屋子里，你心里的感受是什么？你会怎么做呢？你最希望什么人出现在现场？"如此提问，让学生讨论得出结论：社会需要正义，我们要做一个有正义感的人。有正义感的人，也就是正直的人，他们的行为令我们感动，也影响着社会。凡是有利于促进人类社会的进步与发展，有利于维护公共利益和他人正当权益的行为都是正义行为。我们青少年学生要做有正义感、正直的人，这是中华民族传统的做人标准。

二、走进社会，不做象牙塔里的完美主义者

初中政治课必须走进学生的生活，让学生立足于实际，着眼于未来，使学生能够通世故而不世故，来实现青少年学生对真理的追求。课堂教学中教师要注意学生的情感体验，注重以理服人，以情动人，同时要能联系生活实际。要引导学生从发散思维转向集中思维，抓住事物的本质，运用课本的新观点、新办法，提出与众不同的新见解，使学生在情感的震撼中升华思想认识。在课堂教育中成为一个有责任有担当会生活懂幸福的社会人。

1. 联系实际，为将来打基础。

初中政治课具有德育的社会功能，理论来讲，应该让学生学过政治课将来走向社会会很顺利地生活，但是抽象地说，教师教学束缚了学生的思维，学生课堂上兴趣不高，弱化了政治课的功能，也不利于学生的成长。新课改要求教师要拓展学生的创新思维空间，注意培养学生的想象力。推进素质教育，意在提高学生的实践能力，使学生成为一个实践能力强的人。我们必须帮助学生把课堂学到的知识迁移到现实的情境之中，把原有的能力迁移到解决当前问

题的实践中去，不教条、不机械地照抄照搬。教师必须把社会现实和学生的生活实际紧密联系起来，充分阅读包含政治知识的文学、艺术作品来激发学生的创新思维，借用名言警句等来理解教材，并加深对教材的运用。如，在教学"友情是人生的无价之宝"一课时，教师导入新课。

自古至今有许多赞美友情的警句、诗篇和文章，更有许多感人肺腑的讲述友情的故事。当你把快乐分享给朋友时，你就会获得两个快乐；当你把忧愁向朋友诉说时，你将减掉一半忧愁。生活中每个人都希望得到真挚的友情，你知道什么是友情吗？我们为什么渴望获得真挚的友情？接着，运用归纳与演绎相结合的方法讲友情的意义。举出正反例子，让学生自己总结出友情不是一味的包容、不辨是非的顺从，友情应该是彼此帮助、彼此纠正，使对方成为更加优秀的人。从而理解友情的真谛，不为假友情所累，不做假朋友。

2. 根据教学内容选取合适的教学方法。

新课标把改变初中生的学习方式作为政治教学改革的重心和突破口，学生是发展和学习的主体，积极倡导自主、合作、探究的学习方式。以解决政治问题为中心，教师采用各种教学手段，引导学生参与政治课的探究活动，以学生独立钻研为学生学习的主要方式。教师成为学生学习的引导者，学生由被动接受者转变成主动探究者和创造者。

教师要以学生发展为本,凸显学生的学,注重学生的探究和创新。引导学生围绕某个问题展开讨论、辩论、质疑,让学生自己提出问题、分析问题、解决问题,从而增强学生的思考力和创造力,培养学生的创新精神和实践能力。如:在教学"融入社会"一课时,我打破学生的思维定式,摒弃课本所提供的内容和学生正常的思维导向,从一幅需要补充的画入手,我在黑板上只画了简单的山水,让学生添加自己喜爱的人和事物,引导学生思考:加进来的人和事物需要什么才能井井有条?学生会指出需要各种规则,学生自己总结出了社会需要各种规章制度,也需要法律,可谓水到渠成。

三、结束语

总之,初中政治教师要善于利用生活实践设计有趣的教学活动,建立新型的师生关系,营造充满情感的教学氛围,践行自主学习,培养创新能力,让学生真正成为学习的主人,不断提高政治课堂的教学效率。最后,初中政治教育应该起到指导学生人生生存的终极目标。

第二篇　一堂受欢迎的课的几个点

一、引课：变政治为音美，引起学生兴趣

首先，初中政治教学的创新可以通过轻松的教学情境的创设来实现。政治学科因为其较为严重的道德说教性质，往往提不起学生学习的兴趣。我通常会选取一首歌，一幅画，甚至一个体育动作轻松导入，例如讲述"我爱我家"一课时，我就用《吉祥三宝》这首歌，讲述"规则"一课就用一幅画，学生轻松，老师愉快，课堂氛围温馨。

二、授课：引入时政竞赛，一举两得

另外，初中政治的教学中，老师不仅要讲授课本上的知识，还要适当进行时政知识的讲授。时政知识的学习，

不仅可以扩大学生的知识面，还能培养他们独立判断的能力，加深他们对国家和社会的认识程度。那么，如何进行时政知识的教学？我认为，通过游戏和竞赛的方法，有利于激发学生的学习兴趣。初中生多处在青少年时期，好动的性格决定了他们难以静下心来听老师讲课，因此，通过游戏的方式给他们传授相关知识是十分有效的。另外，他们这一年龄段的学生还普遍比较争强好胜，所以还可以利用他们的这一特点，采取竞赛的形式，使他们在积极向上的学习氛围中完成对时政知识的学习。例如请同学总结出近五年国家的新举措，分组打擂台，看谁说的多，既引导学生关注国家大事，完成了时事政治部分的考试内容，也引起了学生的好胜心、求知欲，效果实在不错。

三、手段：改变教学方法，使自己受欢迎

教学方法的改变，能够让学生更加期待你的课，盼望着你的到来。我主要是通过新的教学工具的运用来实现的。随着科技的发展，多媒体这一教学工具越来越广泛地应用于教学当中。初中政治教学的创新，也可以通过多媒体工具的运用来实现。例如，保证每节课都有课件展示，学生可以通过课件观看与政治相关的资讯和新闻，扩充时事政

治方面的知识。同时，也可以运用网上丰富的教学资源进行模拟考试，测试学生各个阶段的学习成果。通过这些方式，引起学生的兴趣，让学生喜欢接受你，亲其师信其道。

四、评价：学生更需要及时反馈

政治课的终极评价应该归还生活，传统的评价体制只注重成绩的好坏，难以满足新课程教学的需要，因此，创新政治教学，还在于建立合理的评价体制。合理的评价体制，不仅仅是对学生学习成果的评定，还要综合考查他们学习的全过程，考查他们学习的态度和努力的程度，甚至考查学生平时的为人处世。对于基础不好但认真学习的学生，要进行适当的鼓励，树立他们对政治学习的信心。另外，教师要根据每个学生自身的情况进行不同的教学评价，尽量多给予他们鼓励性评价而少给予他们严厉的批评，但是对于平时待人接物更要细心观察及时反馈。此外，合理的评价体制还应该包括教师对自身的反思，学生之间的相互评价与学生对老师的评价以及学生对本人生活的全部规划，等等。

第三篇　一种有效的方式——合作学习

一、合作学习教学模式的概念和意义

　　一加一大于二的作用用于教学就主要体现在合作学习上。我把学生分成十个学习小组，学习小组以一带三的形式有利于学生互相帮助。在初中政治教学中有效地运用自主合作教学模式，就是要充分发挥学生在教学中的主体地位，使学生积极主动地进行自觉的学习，并且通过与他人合作完成学习任务，让学生在学会自主探究学习的同时，还学会分工合作，相互帮助，这对学生之后的成长有着积极的影响。自主合作教学模式可以为政治课堂教学提供一个更加广阔的空间，与学生的实际生活息息相关，激发学生对政治学习的兴趣，尊重学生的个性发展，对学生创造意识以及主体意识的培养都有积极影响。同时，还可以引导学生细心地观察、体验生活，并不断地深化学生的认知，锻炼学生的实践能力和创造能力。

二、小组合作学习的教学模式在初中政治教学中的运用

人是群居动物，也就决定了人必须加入集体才能如鱼得水。由于初中生自身认知规律以及身心发展的特点，他们对未知事物的好奇心特别强，但是这种求知的欲望并不会保持很长时间就会被其他更加新鲜的事物转移关注的焦点。所以，初中政治教师在开展课堂教学的时候，如果只是反复地、机械地进行理论知识的灌输，就会严重影响学生的求知欲望与学习热情，进而影响政治课堂教学的效果。所以，教师应该积极改变传统的教学观念，树立以学生为中心的教学理念，将小组合作学习教学模式应用到政治课堂教学中来，更好地促进政治教学的有效开展。

首先，小组的分法也很有技巧，我班一共48人，我分了八组，这样每组六人，两个组长，一文一理。这样分组有利于引导学生进行角色的转变，激发学生学习的热情。自主合作教学模式在初中政治教学中的应用首先强调的就是学生的自主学习，教师在教学的过程中，要求学生以自主探究学习为主要的学习方式，锻炼学生的创造性思维能

力。所以，教师要在政治教学中引导学生进行角色的转变，尊重学生，关心学生，通过师生之间情感的交流不断地激发学生的学习热情和求知欲望，并鼓励学生在自主探究学习的过程中不怕艰难，发扬勇于迎接挑战的精神，独立完成学习任务。

比如，在教学"中华文化"一课的时候，教师应该先关注学生学习兴趣的点，多介绍国内外的文化习俗，但是最后还要回归到讲述中华优秀的传统文化上来，然后尊重学生个体的不同，与学生进行积极互动交流，并引导学生产生自主学习的意识，然后通过预先设定的教学目标，给学生安排恰当的探究学习任务，既要让学生通过学习得到知识和技能的提升，又不要抓不住主旨，以免打击学生的学习积极性，之后组织学生进行实地探究、组内辩论、小组讨论等活动，引导学生积极地发散思维，畅所欲言，自主、自觉、独立地进行政治学习。

其次，根据学生的兴趣设置教学问题，组织学生分组讨论。在政治教学中面对比较枯燥的理论知识，依据教学的实际需求，教师可以结合学生感兴趣的日常事物来进行问题的创设，将教学内容整合好后，既要满足教学任务，又要满足学生的好奇心。例如，我讲授"世界文化之旅"一课时，就运用这样的一个场景：一艘将要沉没的轮船上，有中国人，美国人，法国人，德国人，英国人。你怎样根据他们的民族特点让他们自动跳下船，用这样一个小故事吸引学生的兴趣，激发他们的求知欲，课就可以轻松愉快地进行下去。

教师要将学生讨论的结果进行集中的点评，诱导学生再次产生质疑，培养学生多角度思考问题的良好习惯。在学生相互合作、自主学习的过程中可以增强学生之间情感的碰撞，通过对观点冲突的探讨，教师加深对政治教学内容的理解和掌握，形成系统的政治思维模式，进而完成教学任务。

三、小结一下

总而言之，教学有法，教无定法，由于初中政治教学内容的枯燥性以及初中生身心发展特点之间的矛盾，传统模式下以教师为课堂主体，单一地进行理论知识灌输的教学方式严重地影响着初中政治教学的效果。为了解决这样尴尬的境遇，需要政治教师积极地转变教学理念，将小组合作教学模式积极地引进到政治课堂教学中去，充分发挥学生在教学中的主体作用，将教学活动与学生日常的实际生活联系起来，通过教学内容的整合，让学生在一个轻松愉快的氛围中通过合作进行自主探究学习，有效地提高学生学习的效果。邓爷爷说过：无论黑猫白猫，能捉到老鼠就是好猫。我想老师绞尽脑汁也不过是想要一个好的教学效果而已。

第四篇　新时代的政治课会走向哪里

作为一个有着二十年教龄的一线政治教师，我对如今的政治课也有自己的思考，就谈谈自己的一些感悟吧。

一、如今的政治课现状

1. 教学内容不为学生所需。

枯燥无味，是政治课的一贯面孔，初中的政治教学内容都是以学科的知识体系框架的严密性为依据进行教学的，而其实这样的教学内容设置在很大程度上脱离了学生的生活实际和现阶段的社会需求。教师在教学内容的安排上通常按照书本的内容顺序进行授课，忽视了将课堂内容和社会实际结合。因此很多时候，学生在课堂学习的时候会失去原有的积极性，变得较为消极厌学。而同时我们必须看到的是，随着现代科技的飞速发展，学生获取信息的渠道从过去的电视和报纸拓宽到了互联网上，他们接触社会各项信息资源的速度和效率都得到了大幅度的提升。

然而初中阶段学生的身心发育还不够成熟,对所接触的信息还不具备足够的分析和筛选能力,因此教师在课堂上对他们如何树立正确的人生观和价值观就显得尤为重要。由此可见,教师更应在教学内容的安排上符合现阶段的学生实际情况和社会现实,将学生所关心的和需要的内容安排进课堂教学中去。但是单纯的说教却不能解决这样的问题,日新月异的飞速发展即使家长也不能很好地把握,学生就更把握不住关键了,这个时候政治课就应该起作用了,所以我们老师不要局限于成绩而应该着眼于学生,引导学生多听多看多思考,构建自己的人生观、价值观、世界观才是政治课的真实意义。

2. 教学手段不为学生所喜。

当前社会发展让人眼花缭乱,可谓丰富多彩,应有尽有。目前随着科技的不断进步,不仅教师的教育观念需要不断更新,同时教师的教学方法和手段也需要随着时代进步而不断更新。过去所采用的传统的教学方法和手段不仅在教学节奏上显得拖沓,更占用很多不必要的教学时间。而现在随着现代信息科技的广泛应用,一些政治教师难以适应当前的教学方法和教学手段,或者是对新的教学媒体的应用不熟练,都会影响到整个班级的教学进度和学生学习效率的提高。

新的教法也不是简单的一个课件能替代的，主要应该急学生之所急，想学生之所想，将一堂枯燥的政治课转化为学生生活技能的指导课，这样才能让学生接受，还可以在传统的教材内容中增加多元素的多媒体信息，并融入更多的教师对知识点的自我总结和补充。最好将学习内容转化为学生正好需要用来解决目前遇到的问题的方法，教师就会化被动为主动，教学事半功倍了。

二、学生期待的政治课的小特点

1. 给学生舞台，学生会还给我惊喜。

每个人都期望被接受。课堂上提供给孩子一个平台，让他们主动起来。教学过程是由教师的教和学生的学两部分结合而成的，而这两部分又是相互依存的双向互动的过程，两者的合理结合才能产生理想的教学效果。而在整个教学活动中，处于主体地位的始终是学生，学生是知识得以有效传播的载体。在政治课程教学中，要想收获更好的教学成果，就必须打破过去的传统教学模式，将学生过去被动的知识吸收模式转变为积极主动的知识获取。因为在过去的很长一段时间里，学生的学习状态始终处于消极被动的地位，学生的创造力无形中受到了不同程度的限制和打击，因此也影响到了课程教学效果的提高。

因此，教师在政治教学的各个环节都必须做到对学生学习方法和学习兴趣的培养，努力提高学生的学习积极性和创造性，充分发挥学生的主体地位，运用一切可能的教学方法和教学模式去丰富课堂教学的形式。由此，势必能在一定程度上提高学生的学习积极性，而学生在对待各种问题时能从不同的视角去分析和解决问题的能力也是在此过程中获得的。

2. 尝试一下事半功倍的感觉。

改变一下自己，你将会收获教学成功的喜悦。在初中的政治教学内容中，大部分的理论知识都较为枯燥，留给学生能发挥想象的空间和余地不是很多，而知识点又较多，学生在理解过程中较为困难，因此学生的学习兴趣的培养也受到了打击。作为"传道、受业、解惑"者的教师就应该将课堂交给学生，就应在课堂教学中发挥更大的作用，以饱满的激情和最大的对学生的关怀去面对这份工作，同时创新课堂教学方式，加入更多的语言、情感和肢体动作，丰富课堂教学的艺术性，进而增加学生的学习兴趣。而这样一些改变更能让学生在不知不觉中对知识产生兴趣，更加积极主动地去了解和掌握所学知识，从而提高学生的学习能力。

同时，教师还可以运用更多的多媒体技术和手段，例如视频的播放、案例的讲解分析，甚至加入一些与课堂教学内容相关的小游戏环节等，让学生在自主学习的环节中获取知识。而教师种种对于教学方式的改变，其最终的成果都是学生课堂学习效率的提高和学生知识视野的开拓。

3. 角色带入解决学生生活中的问题。

政治课程作为一门开放性较强的课程，其政治教学的目的不仅是激发学生的学习积极性和学习兴趣，增加理论知识的学习，更应该是在掌握政治基础知识之后灵活地运用到现实生活中去，在更为广阔的现实社会中对课堂上所学得的知识进行知识的创新和实践的探索。因此在新课改的背景下，政治教师可以有创造性地进行教学实践的改革，摆脱传统教学模式的束缚，而以更为贴近生活、融入生活的教学角度，带领学生进行自主学习。教师鼓励学生在现实生活中运用知识，将理论和实际联系起来，从而使学生产生强烈的学习兴趣和欲望，将政治课变为一门实用课。

第五篇　如何面对学生的提问

其实作为一名老师，尤其是政治老师，我挺害怕学生提问，因为有些问题我解决不了，有些问题我无言以对，但是我还是鼓励学生多提问。因为学生思考了才会提出问题，所以提出问题的学生一定是学习了的学生。可是如今的政治课的问答是什么样的呢？

一、初中政治教学中的问答现象

1. 老师不会提问。

初中是一个很特殊的阶段，学生是个小大人，又有中考任务，很多教师都不喜欢提问学生。因为提问可能会导致正常的课堂教学内容无法完成，从而影响到自己在教学中的地位。所以很多教师根本就不会提问学生，时间长了教师也就对提问这一个教学过程完全忽略掉了，最多的提问就是复习上节课的知识点。一些教师不知道如何提问以及提问什么内容,这是一种非常普遍的现象。学生与老师之间有着很大的差别,所以老师应该多站在学生的角度想问题。

2. 学生回答提问,存在问题。

学生有时会把老师当成人生的导师,所以学生的提问或者回答有时老师就不知道该怎么办,例如我的一节公开课的实事:课的内容是诚信,我设置的讨论题是你如何看待考试作弊,学生的回答一开始都很正常,但是有一个同学说:"老师,我平时不会作弊,但是如果是中考或者高考我就会作弊。"当时我真的是无言以对,老师此时应该说什么?说重了会不会给学生带来不良的影响?有技巧的回答,时间也不允许,而且这个问题我觉得还是私下讨论才好。我以为这个问题不是很好回答,这就需要老师用机智解决了,我将问题抛给了所有同学,此事也算圆满。当前初中政治教学中存在的另一个普遍现象就是学生不敢回答问题,不知道如何回答问题,更不知道自己该不该回答老师提出的问题。教师提出一些非常简单的问题,有些学生不屑于回答,还有些学生不知道如何回答。因为问题本身可能就存在问题,学生叛逆心理非常强,而且他们对时事的掌握可能要多于教师。例如一些军事迷,他们对各国的军事情况非常了解,远远超过了教师。所以当教师提出一些非常简单的问题的时候,学生们是非常不屑于回答的。

我一直觉得政治课要想教好也是很不容易的，它所涉及的知识涵盖所有学科以及当前国内外军事、民用等方面的各种知识。政治不仅仅是一个单纯的学科，它可能会涉及地理，还有可能涉及军事、科学。所以，目前老师遇到的困境也是很多的，既要解决学生的问题，又要及时补充现有知识，真正做到所有知识都要知道一点儿，至少别让学生鄙视你，你可以不熟知但一定要都懂一些，否则你与学生不会有共同语言，学生又怎会亲其师信其道？

二、怎样合理地问答

老师和学生都要会提问、会回答，课堂中，教师合理的问答，会提高学生的注意力，同时还能够使学生对政治产生兴趣。而一些道理就是在问答中产生的。

1. 与实际紧密相连。

其实初中政治中的很多内容都是与实际生活息息相关的，只是很多学生都忙于去完成各种作业而忽视了这些内容的重要性，加上教师对此不重视，也就更加加重了他们对政治的忽略程度。如果把生活中遇到的问题融入课本，在课本中找到答案，那么学生就会更相信课本，老师也就更好地讲授课本知识。理论联系实际是解决问题的最佳途径，也是帮助学生学习政治的最好方法。例如在政治教材中有一部分章节是介绍抚养与赡养的。养老是我们社会中非常普遍的问题，而虐待儿童也是一个现存的问题。所以针对这些问题教师可以找到很多突破口。毕竟实践是检验真理的唯一标准。

例如设置问题：学生认为一些人不赡养老人是因为他们幼儿时没有接受很多父母的照顾，所以他们认为不赡养老人是合理的，你是怎样看的？鼓励学生说真话。其实很多学生对这个问题都非常模糊，因为他们只知道受人恩惠，才能够帮助别人。所以教师可以针对这样的现象对学生进行教育。这样做不仅可以提高学生对政治的兴趣，同时还可以很好地提升学生的综合素质。另外，敢于讲真话的学生应该受到更多的关注，因为真话哪怕是错误的，也让老师知道了问题所在，这样才能有的放矢地解决问题，如果你的学生不敢说真话，只会讲一些假大空的套话，老师才真的要自我检讨。

2. 将课堂交给学生。

时刻记得学生是课堂的主人，长期受传统教育影响的中国中学生普遍比较内敛，他们不善于在公共场合发表自己的意见。政治作为一门学科，需要学生的参与才能够更精彩。传统课堂中，教师是教学的主角，学生是一种学习的工具。在这样的教学模式下，学生们肯定会有被忽视的感觉尤其是一些学困生。鼓励学生参与课堂内容，才是最好的教学方式。

我的做法是每节课的最后三分钟给学生布置学习任务，鼓励学生自己设置问题，自己解决课堂中可能出现的问题，这样既调动了学生的积极性，也锻炼了学生的自学能力，老师只要把把关就可以了，因为未来是一个终生学习的时代，我们的学生可以不博学但一定要能够自己学习所需的知识。我的最终目的就是指导学生学会一种生活的技巧，能够使学生成为一个对家庭、对社会、对国家有用的人，一个有责任心有担当的人，一个新时代需要的新人。

第六篇　做一名新时代的政治教师

时代在进步，社会在发展，党的十九大的胜利召开，给了我们政治教师一个很好的契机，我们也应该不忘初心，努力前行，不负党和国家的重托。人活一世，总要留下一些什么，学生是我们的延续，不论生命还是思想，总会有一些痕迹留在他们身上。有幸成为一名教师，有幸生活在新的时代，就应该做最好的自己，做最好的老师，哪怕再难也要尽力。那么怎样成为好的老师呢？怎样上一节有意思而且有用的课呢？

一、好的氛围是成功的一半

要想让学生喜欢你的课，创造一个轻松的氛围很重要，为学生创造合适、有效的自主学习氛围和学习环境是老师的任务，初中政治课堂的教学是教师和学生共同参与的活动，学习氛围是否和谐就直接影响到了整个课堂的教学进

25

程和教学质量。所以在政治课堂教学过程中，教师应该放下所谓的师道尊严，最大限度地帮助学生营造轻松、和谐的学习氛围和学习环境，激发学生的自主学习意识，并且对学生的自主学习成果给予表扬和赞赏，让学生不由自主地想要尊重你。

二、会留白才是睿智的老师

中国绘画的一大特点就是留白，正是留白才给人更多的想象空间。在政治课堂学习中，教师应该保证学生有足够的自主学习的时间，这是帮助学生提高自主学习能力的重要前提。首先，作为政治教师，应该做到以学生为本，保证学生的主体地位，将课堂交给学生，将传统的教师控制课堂改变为学生主导课堂。其次，鼓励学生善于发现问题，教师对于学生存在的疑问不能一味地给出答案，应引导学生自主解决问题，提高学生自主学习、自我解决问题的能力。纸上得来终觉浅，绝知此事要躬行，有时候你主动给不如学生自己要。

比如在《学会合理消费》一课中大部分学生对于这个内容的理解都存在许多的问题。像"学会理性消费"这一课程中，大多数学生认为贷款买房或者贷款买车是一种超前消费，属于不合理的消费。作为政治教师，可以帮助学生围绕这个问题进行思考和分组讨论，最后再由教师给大家总结和补充答案。得出的结论应该是适度消费就是不能进行盲目的攀比，不管是贷款买车还是贷款买房，只要是在家庭收入所能承受的范围之内，都属于适度消费，应该得到认同和理解。再结合如今的校园贷的现状，引导学生认识到校园贷是消费的高压线，也认识到合理消费的重要，更要教育学生如今我们国家还有很多需要解决的问题，这些问题需要一代人甚至几代人共同努力，这也让学生有了责任感，觉得自己也可以为国家贡献一份微薄之力。

三、方法手段都为课堂服务

作为一名新时代的政治教师，又是一名班主任，应该善于组织一些切合学习主题、与生活联系密切的课堂活动，从而充分地调动学生的学习兴趣和自主学习意识，同时将自己组织管理班级的经验传授给学生。课堂上，教师应该根据既定的教学目标和学生自身的情况，指导学生组织一些围绕学习主题的活动，让学生通过活动进行讨论和研究，提高学生的自主学习能力。课堂活动的形式应该多种多样，比如课本剧、模拟法庭、辩论赛等，让学生在参与活动的过程中能够认真地思考、探究和讨论，从而提高学生的学习积极性，增强学生自主学习的意识。

例如在学习"中华传统文化与改革开放带来的外国文化"这个课题的时候，政治教师可以带领学生开展辩论赛，将学生分为两组，分组寻找资料，做好充分的准备进行辩论。辩论过程中，学生应该据理力争，争锋相对，带动课堂气氛，最后教师根据各组的表现进行点评。这样的活动能够提高学生参与政治教学的积极性，培养学生的自主学习能力。再如在讲"对外开放是对所有的国家所有的领域都开放"的时候，引入一些时事问题，这些问题也许一时没有什么标准答案，但是能够给学生提供一个交流的平台，也让同学们看看同龄人是怎么解决亦或是如何思考问题的，时时教育总会有效果的。

四、结束语

初中政治教师责任重大，因为初中政治教学中学生自主学习能力的培养，对于学生今后的学习思维和学习习惯都有着长远的意义。初中政治课的内容几乎涵盖了学生的方方面面，对学生的人生定向有着深远的意义，因此初中政治教师的任务不仅仅只是阐述书本上的知识，让学生死记硬背，更重要的是激发学生的学习兴趣，使得他们能够积极地参与到初中政治内容的学习中去，从而提高他们的自主学习能力。最重要的是让学生有宽广的胸怀，更高的眼界格局，不局限于眼下的利益，做一个会生活会幸福的人。

第七篇　新学校新同学的教学设计

知识目标：1. 了解自己所在的学校，了解中学与小学的不同之处，包括同学、老师、环境、课程等方面发生的新变化。

2. 认识中学的学习环境，尽快适应中学新的学习生活。

能力目标：通过"新学期、新面貌"的活动，深入地思考怎样尽快适应中学新的学习生活，制定一个切实可行的计划，并与同学分享。

情感、态度、价值观目标：充分认识展现在自己面前的中学生活的各种新变化，尽快调整好自己的心态，以新的精神面貌迎接新的学习生活。

教学重点：分析中学与小学的不同之处；引导学生尽快适应中学生活。

教法：

授课理念：坚持"还课堂于学生"的教学理念，立足于学生的"学"，在开放性教学中，结合学生的个人知识、直接经验和真实体验，构建"自主——探究——合作"的学习模式。

授课思路：学生从小学到初中是其人生的一个重要转折。和小学相比，中学无论在同学、老师、校园环境还是在课程设置上都有很大变化，通过互动游戏把这些变化带给七年级新生，让学生体验初中新生活。

教学程序：

（一）导入新课：用幽默的语言自我介绍后，再以的拟人口吻边翻彩页，边介绍本册书的内容，从而生动地导入新课。

（二）新课讲授：

同学们，你们今天第一次来到新的学校，那么谁来谈谈新学校给你的印象是什么？从进校园的第一步，你想到了什么？

同学们七嘴八舌回答，答案五花八门。有的说学校不如小学操场好玩，没有滑梯、淘气堡；有的说学校分科太多，每节课都换一个老师；有的说上课不在一个地方上，有的课还得到别的教室，比如综合实践课、生物课、音乐课、美术课，这些课不在一个教室上，很奇怪……

然后我又让大家自我介绍，并且有个小要求，每个同学必须介绍一下自己的特长，同时展示给大家。

同学们出乎我的意料，会街舞的，会唱歌的，会画画的，会书法的，会表演小品与相声的，会口技的，会演奏乐器的……，只有少数没有特长的，但是他们一看就是学习突出的，或者是特调皮的。同学们都有"神技傍身"，可见现在的同学们课外教育的丰富多彩。

最后再说出自己最喜欢班上哪位同学，并说明理由。比如喜欢他的幽默、健谈、坚强，自己有没有与他相似的地方，或者想在哪些方面向他学习。被说到的同学要做出回应，比如对方的评价是否恰当、全面，其他的同学也可以进行补充。

结束语：走进新学校，认识新同学，这是我们每一个学习时期必经之过程，希望大家珍惜这一经历。我们能够同窗三年，很是不易，希望大家能团结合作，共同建设好我们的班集体，为学校争光。让明天的学校以你们为荣！

具体活动设计如下：

活动 A：校园里的新鲜事之超级模仿秀

活动形式：游戏，学生分成两组，小组中一人模仿新鲜事，一个猜，进行竞赛。

设计目的：通过寻找"校园里的新鲜事"的活动，帮助学生了解中学生活的各种新变化，让学生积极适应中学生活，珍惜初中这个新起点，体验成为一名中学生的快乐。

过程：

第一步："校园里的新鲜事"竞猜活动。

第二步：小组交流讨论，教师在各小组间巡回，引导和鼓励同学发言。教师提醒学生新鲜事的范围：校风、校貌、规章与小学的异同等。

第三步：开展竞猜活动，教师主持小组之间的竞猜活动，鼓励两组同学模仿和回答；教师对其进行引导和补充。

第四步：教师小结。

第五步：组织学生围绕"中学与小学的差异"分小组讨论。

第六步：指导学生着重从"开设的课程、上课时间、学习特点"等方面探讨中学与小学的不同之处。

第七步：教师总结。对学生的表现进行评价，可单独评价，也可采取项目评价，以每一小组答案的正确性、完整性作为评价标准，最后的填空补充可以采取自由抢答的方式。教师应对同学们在竞猜活动中的积极性给予充分肯定和赞赏；肯定同学们在竞猜活动中流露出的喜欢自己学校的心情，并举例说明；指出可能有的同学对自己目前所在的学校并不满意，或并不喜欢学校的同学，这也是很正常的，可以理解的，同时应引导这部分学生从积极、乐观的角度思考问题，发掘学校的优势所在。通过分组讨论活动考查学生的观察、比较和归纳能力，作为评价标准。

过渡：进入新的环境，你有什么样的感觉？学生回答略。教师概括为两种感觉：作为一名中学生既感到很高兴，但又感到孤单。怎么消除孤单呢？就需要我们结交新的同学、新的伙伴。

(二) 活动 B："认识你，记住我!"

设计目的：让学生相互认识和了解，扩大交往面，养成热情开朗的性格，在具体的活动中体验感悟交友的乐趣。

准备工作：每个学生自制 10 张填有自己基本情况的"交友名片"，涉的内容应是课本上的 11 个方面，鼓励学生尽量设计得新颖别致些，这也是一种创造性的活动，培养学生动手、动脑的能力。

过程：

第一步：学生相互赠送名片，并作自我介绍，相互认识。

第二步：鼓励学生积极主动热情地交往，教师一旁观察，对参与性较差的学生进行及时辅导。

第三步：请学生介绍自己新认识的伙伴。

第四步：请学生谈本次活动的体验及感受，大家分享。

在活动评价指导中，教师应注意提供宽松的课堂气氛，让学生在没有思想顾虑的情况下交流。

(三) 活动 C："大家来帮忙"讨论

第一步：提供一则学生在人际交往中的难题，让大家出谋划策。小玲是一位来自农村的初一新生，初到新学校、新班级一个同学也不认识，在学校中生活、学习很不习惯，特别是她害怕与城里的同学交往，认为她们好像不喜欢她，总是用异样的眼光看她，她觉得在这新班级中很孤独。

活动目的：帮助学生了解同学之间和睦相处的重要性；促进同学之间的相互了解，相互认识，促进同学团结；让学生学习一些必要的人际交往常识。

过程：

第一步：将学生分成两组，对事例进行评论。

注：老师调节气氛，增加两组间的竞争，活跃气氛。

第二步：每小组派代表上台总结发言，谈谈同学和睦相处、共同进步、创建一个团结友爱班集体的重要性。（为下节课做好铺垫）

第三步：教师总结。

师：也许有的同学会担心，我性格比较内向，比较孤僻，怎么和别人成为朋友？也许有的同学会说，我崇尚天马行空、独来独往的生活，何必非要与别人结伴而行，一个人不是更自由吗？那你是怎么看的呢？学生发言，谈自己的看法。（提示：内向的同学可以试着改变自己怯懦、不敢表白的一面，其他同学也要主动接近他，帮助他；对后一种观点，可以从人需要交往、需要他人的认可或个人与社会的关系等角度去分析，也可以举些例子，说明朋友可以指导、帮助自己，安慰自己，等等。教师在此也可以举一些名人的例子。）

师：所以，我们来到这个新的学校，又有幸分到了一个班级，我们每个人都应该付出自己的关爱、热情，结交更多的新朋友，与新朋友结伴成长。

结束语：七年级是人生道路上的一个新的起点。从这个起点开始，我们将在新的校园里学习、生活，认识新的老师和同学，让我们珍惜这个新起点，与新同学结下深厚的友谊，一起茁壮成长。我相信，只要我们共同努力，我们的明天会更好。

在《明天会更好》的歌声中结束。

第八篇　做学生的贴心人

过去曾有过"知心姐姐信箱""知心姐姐广播站",其实我觉得对于初中政治教师来说,我们就应该是学生的知心姐姐,知心大哥,换言之就是我们要做学生的贴心人,这样才能辅助班主任,把学生的思想道德素质提高上来。伟大的教育家孔子教育学生做到了"因材施教",也就是做到了了解学生的认知规律,掌握学生的心理状态,适时施教。同时,教育家马卡连柯也曾经说过:"爱是一种伟大的感情,它总在创造奇迹,创造新的人。"教师的爱与尊重是照亮学生心灵窗户的烛光,学生美好人生的开端掌握在教师手中,教师只有用自己的爱,才能与学生产生心灵的碰撞,才能超越人的自然属性而达到完美的境界。在知识更新周期越来越短的时代,在社会影响对学生日趋重要的今天,我们不能做教育的盲者,应该面对现实,走进学生心灵,培养学生完整的人格,做学生生活中值得依赖的朋友。

一、面对现实，走近学生

"三人行，必有我师焉。"这句孔子的至理名言，也许我们谁都深知其中的道理。特别是信息技术日新月异的今天，学生所了解，所掌握的有时可能比教师多，教师并不一定比学生强，在教学中我经常遇到这种的情况。

记得有一次，在以"未来的……"为题写一篇作文时，许多学生写出了自己独特的想法："神奇的衣服"既具有普遍的功能，还能充气保温，特殊情况下还能当降落伞呢！"多功能文具盒"还在里面装上了微型电脑，并且与世界各地联网呢！可以随时接收、发送各种信息……许多令人惊奇的设想，原来是从电视中诸如"蓝猫淘气三千问"、中央电视台第十频道的"百家讲坛"……这些栏目中受到的启发。之后我不但表扬了优秀的同学，鼓励其他同学向他们学习，而且还坦白地向学生承认了自己这方面的不足，鼓励大家都来做我的老师，学生的热情特别高，并且从那以后，我也养成了一个习惯：定时收看动画，并且充分利用课余时间与学生交流自己的感受，还开展了一个专题活动——我与动画。学生和老师都沉浸在动画里，从中去获得更新、更有趣的知识。当然，像这样的情况还有许多，总之，通过这些，我感到与学生的心靠得更近了。

二、课前活动，花样百出

为了激发学生学习政治的兴趣，每节课的课前活动我都会与学生交谈或讲故事，或想一些学生们感兴趣的话题来谈，或找一个现阶段大家感兴趣的动漫游戏等来谈，或选一些励志的故事来讲，总之每节课的课前活动都是大家最期待的，这样一来学生学习新课的兴趣也就高涨起来。

三、强化感情，走进学生的心灵

与学生的心靠近了，迈出了成功的第一步，可还远远不够，必须把与学生刚刚建立起来的那份感情强化，真正走进学生的心灵。在教学中我通过以下途径取得了一定的成功。

1. 写"生活日记"。教师要想做到让学生听你的建议，必须得先对其各方面进行全面的把握，而练习写生活日记则是一种非常好的途径。分别通过"XXX 我想对你说"，让其自由倾诉心中所想，针对存在的情况或问题选取恰当的途径加以引导;"他(她)是咱班的好榜样",去了解每位同学的优点,树立学习的标兵;"爸爸、妈妈您真了不起!",让学生去了解父母的伟大、辛苦……结合实际情况学生写了许多真实的、感人的文章。通过学生那一句句发自内心的话语,我不但巧妙地了解到了许多通过通常方法不能掌握的情况,走进了学生的心灵,达到教育引导的目的,而且还帮助语文老师训练了学生写作的能力,真可谓是一举两得。

2. 练"硬功夫"。古语说:打铁还需自身硬。同理,教师如果自身没有过硬的教学基本功,而只想依靠传统的"师道尊严"来维持自己在学生心目中的地位,这已是不可能的事,最好的方法就是加强自身修养,练好教书育人的硬功夫,让学生心服口服。锤炼好自己的教学语言,充分发挥其特殊功能,让学生听着你的课如沐春风,感受到来自教师的关爱和温暖;善用、妙用教学语言为教学注入活力,调动全班学生学习的积极性;再如前面所叙述的与学生一同收看动画等,这都是努力提高自己的有效途径。

3. 做"具体事"。有人说,教师是靠一张嘴吃饭的。这在以往也许的确如此,可今天,这行不通了,特别是随着年级的升高,学生接触的教师多了,会无形中给教师贴上"言行一致"或"言不由衷"等标签。自古便有孔子的训言为证:"其身正,不令而行;其身不正,虽令不从"。

结果如何完全取决于教师自己的行为。

我曾经碰到过这么一件事，进入期末复习阶段，作业量有所增加，如何调动学生复习时的学习兴趣呢？我用批改作业中加上评语鼓励的办法尝试了一下，自那以后，学生对作业表现出前所未有的热情，每次总是希望看到老师亲切的话语。可有一次，由于一些原因，我没能及时把学生的作业批改完，事后向学生说明了情况，学生也能谅解，我也就没很在意这件事。后来，偶尔发生这样的情况时，均是如此，慢慢地，我发现学生对我的态度有所改变，在向老师的建议中便有一部分学生提到了"批改作业"一事。我立即意识到自己的过错，从此以后，无论如何，我都要给学生的作业写评语，因为他们希望看到来自教师的肯定或期望，这已经不再是单纯的作业批改，而是心与心之间的交流、沟通。

四、引向深入，培养人格

通过师生间相互的努力，师生的心灵沟通了，此时，正是教育的大好时机，做为良师益友的教师应一边巩固所取得的成果，一边注重培养学生完整的人格，为他们的全面发展奠定基础。美国斯坦福大学著名心理学家推孟等人曾对 1500 名超常儿童进行了一次长达 50 年的研究，结果表明：在最成功和最不成功的两类人之间差别最大的人格因素是坚持力、自信力、克服自卑的能力和责任心。

在教学过程中，注重培养学生完整的人格，不但不会耽误教学的进程，相反，它会让教学的各项活动变得有滋有味，更加讨人喜欢。这里有不少的事例可以证明，在课前活动交流名著阅读情况时，我发现交流次数最多的往往就只有那几个同学，后来通过了解知道，有许多同学不敢举手，于是，我告诉他们可以不举手，自由发言，目的不仅是不浪费时间，让更多的学生参与活动，更重要的是让学生的自信心在这里得到激发，得到培养。慢慢地，发言的人越来越多，有时甚至同时站起来很多名同学，以往 5 分钟例行的交流时间只有几人或十人左右，而现在同样的 5 分钟竟然可以有 30 人左右。后来，课堂教学中学生发言也变得积极多了，每个学生都变得很自信，相信这会为他们今后的成长打下坚实的基础。

以上仅是我在教学过程中的一点体会，但愿大家能把孔子"仁者爱人"的精神充分地倾注在学生身上，去赢得学生的信赖与尊敬，做学生的良师益友，并用它形成一种巨大的教育力量。

第九篇　浅谈六步教学法在政治学科的应用

　　我国新课程的改革与实施的核心问题是教学方法的改革，教学方法改革的关键在课堂，课堂教学是实施素质教育和学生减负的重要途径，是提高教学质量的关键环节。课堂教学的成效不断地演绎着学生健康成长和持续发展的人生轨迹。我校结合学生实际在七年级课堂教学中开展了"六步教学法"。

　　"六步教学法"主要解决新课程实施中学生自主学习、合作探究、教学资源开发中的一系列重大教学实践问题，实现理论与实际，教学与生活，知识、能力与情感态度和价值观的辩证统一，使新课程理念、目标要求与课堂教学和评价有机地统一于教学模式之中，使政治新课程的课堂教学更具有实践性、开放性、生活性、探究性和实效性。

　　教学中，我们政治组结合我校学生的实际推出了适合我校政治学科的高效课堂模式。"六步教学法"，从学生生活出发，以核心问题立意，以知识、能力、情感态度和价值观为教学目标，以学生的认知水平、特点和思想实际为基础，以学生合作探究、独立思考、情景体验、自我评价等为基本教学方式，以案例导入——问题探究——思维点拨——知识建构——资源开发——三维评价六步教学流程，引导学生积极主动地发现生活、参与生活、理解生活，在生活中实现自我完善，实现知识的回归，增强政治课的生动性、思想性、教育性和实效性。

第一步：案例导入是课堂教学的前奏和"入场券"。教师通过挑选紧扣本课教学目标或教学内容的经典名言、典型题材、图表、漫画、故事、影像资料等，设置生活情景和悬念，激发学生兴趣，承前启后，导入新课。教师在结合案例，联系教学内容，切入新课时，要自然、贴切、生动。可以以一个案例或 2~3 个案例贯穿全课的基本观点，设问探究，层层剖析，步步深入，分层得出结论。在此，案例构成理解全课的一条主线，能给学生留下深刻的印象，不会因案例过多引起学生无暇思考、抓不住主次的问题。案例的选用要经典，能激发学生的追问、思考和探究的欲望；案例的选用还应求新、求近、求精，避免牵强附会和老生常谈。设置的情境可以是真实的，也可以是模拟的，但真实的会比模拟的更具有说服力。教学中之所以要设置模拟的情境，是因为有些生活的真实情景是无法再现的。这一环节主要是培养学生搜集信息、提炼信息和处理信息的能力。

第二步：问题探究是从上述案例中自然引出本课需要探究的问题和容易混淆的基本概念，是教学目标内容的问题化，是本课教学中探究问题的逻辑思路。"问题探究"中的问题既可以是案例中本身潜在的与本课时教学内容密切联系的问题和相关概念，也可以是直接从案例中引出的教材中的重点问题。两种方式比较，前者比后者更能激发学生的探究动机，形成学生学习的内在驱动力。教师从材料中提出问题的方式，既可以是引导学生从材料中引发问题，也可以由教师在分析材料中引出，其目的是使学生明确本课所要解决的问题，引导学生探究上述问题。探究可以采取分小组讨论、课堂自由发言、活动体验等多种形式，不拘一格，激发学生自主搜集材料、自主思考、自主追问的兴趣。

第三步：思维点拨是落实教学目标、培养学生积极主动合作和探究问题能力的主要教学环节，是教师教学主体作用的体现。它是依据"问题探究"中的问题，精选与问题密切相关的生活材料，引导学生在深入剖析材料中得出结论。教师在点化时，要结合教材内容，在引导学生阅读教材相关问题的基础上，重在对知识本身的难点或学生理解的关键点、疑难点上的点化，言在精而忌多。结合所选材料，围绕探究问题，启发学生搜集身边的生活资源，整合资源。可以通过讨论会、辩论会、小组相互交流活动等，避免一问一答的单一的教学方式。通过这一教学环节提高学生积极合作、共同探究问题的能力，增强学生积极参与的意识，培养其独立自主思考问题的习惯。在理解知识、形成能力的过程中，逐步引导学生树立正确的情感、态度和价值观。

第四步：知识构建是"六步教学法"的重要环节，是新课程实施的重要能力要求。通过这一环节，使学生在自主归纳思考中，体验知识的内在联系。在共同回顾所学知识的基础上，教师引导学生综合归纳本课所学的基本知识之间有哪些内在联系，本课内容与前面几课的内容有哪些联系，上述知识与自己的生活有哪些联系，并把这些联系用自己的语言准确地表述出来。在引导学生综合归纳的基础上，让学生自主构建知识内在联系图表，并进行相互交流，使之从课程模块的系统中把握本课内容的地位及其前后联系。通过这一步教学，培养学生知识构建的能力和综合归纳的能力，让学生学会在知识建构中获取新信息，实现知识创新。

第五步：资源开发是知识回归生活的过程，是对本课知识、能力、情感、态度和价值观的再运用和深化过程，也是实现校本资源的再开发的过程。抽象的政治说教一具体就生动，一具体就深化，一具体就会发现新问题、新知识。资源开发主要是教师通过 1~2 例经典材料引发学生搜集、甄选和开发与本课内容密切相关的生活资源，其中包括本地重要的历史资源和现实生活中的资源，如历史博物馆、文化遗产、社区生活、校园生活、家庭生活、重大活动等。学生经历这样的体验过程，有助于认识自己的家乡、所在的社区、所在的地区发生的变化，从而关注身边的生活，关心自己的家乡和地区的发展状况，激发对家乡的情感。同时，这也有助于加深对本课知识的理解和运用，领悟知识的价值，从而培养学生从社会生活和具体材料中搜集信息、甄选信息与提取有效信息的能力，以及搜集和开发身边生活中课程资源的能力，培养学生参与生活、发现生活和理解生活的实践能力。

第六步：三维评价主要是对新课程所要求的课堂教学过程的评价。具体地说就是在落实三维目标过程中，对参与课堂教学活动中的个体和整体的行为、状态、效果和目标等进行多元性、双向性、交互性的综合评价。它包括书面评价和教学过程及其活动的综合评价两个部分。

课堂教学是实施素质教育的主要途径。如果我们把课堂教学看作一个有机系统，那么，我们要实现课堂教育教学方式和方法的改革，就必须首先改变课堂教学模式，创新教学机制。因此，要全面推进新课程的实施和深化，必须改革现有的教育教学模式。

第十篇　探索新课标下初中
政治课的新教学方式

新课标要求教师的教学方式要转变，而政治科目也不可避免地要进行一些改革才能让学生买账。我觉得政治课中，整体化教学比较适合当前的新课改教学方式的要求。整体化教学的基本思路就是用整体思想优化课堂教学。按照整体化教学思想，我们可以把教学过程分为三个阶段。每个阶段各有不同的任务、目的及具体教法。

第一阶段：整体感知阶段。这一阶段的任务：让学生从整体上建立起对本课的初步认识，完成向部分理解阶段的过渡。这一阶段可施行的具体教法：

（1）把本课的插图或反映本课内容的材料制成挂图、幻灯片、音像资料等的"图示法"。

（2）讲解一个典型事例的"事例法"。

（3）让学生有目的地浏览课文的"读书法"。本阶段的教学目的：使学生有一种"犹抱琵琶半遮面"的感觉，诱发学生的学习动机。

第二阶段：部分理解阶段。这一阶段的任务：解决好整体与部分之间、整体与外部环境之间的关系。这一阶段是授课的主体。教师应本着宏观把握、微观放开的指导思想去进行。具体教法：

（1）"问—答—析"的方法。通过教师的提问、指导，学生回答，师生共同完成对教材知识点的理解。

（2）"读—疑—析"的方法。让学生在教师有目的的指导下，学生在读的过程中发现问题、提出问题，最后在教师的指导下解决问题。

（3）"举例—分析"法。可以是教师举例，学生讨论，教师总结，也可以是学生举例，教师分析。具体视问题的难易程度而定。

第三阶段：回归整体阶段。这一阶段是教学的最后一个阶段。它的任务：

（1）突出本课知识点，讲清知识点之间的联系。也就是教师再把知识点放到整体中去，让学生再理解，但不是简单的重复与再现。

（2）引导学生发散思维，深化与拓宽知识视野。在这一阶段，教师须挖掘知识的深度，让学生品尝知识清泉的甘醇，达到纯洁心灵的最佳效果；教师须拓宽知识的广度，使学生达到"欲穷千里目，更上一层楼"的宽广意境。

具体教法：

（1）教师依据第二阶段中的知识点，引导学生展望本课的总体内容，弄清本课的精神实质。

（2）设计多种形式的练习，以达到巩固知识、加深理解、形成整体的目的。

今后我将时刻提醒自己按照上述做法进行尝试，力争使枯燥无味的政治课变得有声有色。

第二编　班主任工作

第一篇　欣赏+鼓励=自信

政治教师如果当班主任是最恰当不过的，因为班主任必须具备善于做学生的思想工作这一能力。而在初中因为升学之故，政治教师当班主任的微乎其微。而我有幸在刚毕业时被学校赏识重用，担任过五年班主任，在这一过程中，我感受最深的是如果教师能做到赏识加鼓励并用，学生学习的自信心就会暴涨，学习成绩也就不言而喻了。

被人赏识是一种快乐！赏识，就是给学生自信，发现他的闪光点，给他自信和鼓励，给他希望和力量，这正是孩子成长中最想要的东西。无论是孩子还是成人，都希望得到别人的尊重，都希望得到别人的表扬、鼓励、重视，而不是忽视、批评和讽刺。每一个孩子都有梦想，让每一个孩子都走向成功是我们不可推卸的责任。教师的赞美是阳光、空气和水，是学生成长不可缺少的养料；教师的赞美是一座桥，能沟通教师与学生的心灵之河。教师鼓励的眼神，赞美的语言，使学生在被欣赏的过程中发现自己的潜能和优势。教师的赞美越多，学生就越显得活泼可爱，学习的劲头就越足。

信心从何而来，来源于老师有效的夸奖。学生在为人处世方面还不成熟，更应该得到老师和家长的帮助和指导。在对学生的教育过程中，我发现良好的行为在得到不断夸奖时，这一行为就会不断重复而形成习惯。在教育中，我重视对学生良好的行为进行及时强化，使学生得到认可是教育中非常重要的一点，要让学生始终能看到自己的进步，不要让学生花费了力气而看不到成果。

老师要用和蔼可亲、激励向上的语言，能使忧虑变得坚定，犹豫变得果断，自卑变得自信。我就是利用这一点，造就一种师生之间的和谐、平等的人际关系，调动学生对学习的兴趣。

1. 表扬被遗忘的学生，让他们感受成功。班级中总有一部分学生对任何事情莫不关心，熟视无睹。一般情况下，既得不到老师的表扬，也得不到老师的批评，是一些容易被老师"遗忘"的同学。我们班有一个叫张温文豪的学生，上课总是安静不下来。他常常手里拿个东西玩，最喜欢做的事情就是拿一支笔在书桌上搞创作，书本上和课桌上常常留下他"创作"的痕迹。因此听课效果大打折扣，学习成绩可想而知了，我多次找他谈话，效果甚微。我很着急，经过仔细观察，我发现他的特点是美术作业完成得非常好，图案美丽，色彩鲜艳，干净整洁。于是，我带他去找美术老师，让他参加美术小组，在美术老师的悉心指导下，他进步得很快，作品在全校展览。我借此机会表扬他，把他的作品向全班同学展示，让大家向他学习绘画技法。我又从几件小事中发现他的闪光点，赞美他为集体着想的好行为。渐渐地，他变了，上课听讲特别认真，学习成绩也有了很大的提高。

这件事给我的感受颇深，作为教师要善于捕捉学生身上的每一个闪光点，细心观察，及时把赞美送给每一个学生，使每个学生都能感受到"我会成功"的喜悦。教师要及时对他们的进步表示祝贺，让他们体验到成功的快乐。当成功被同学们所欣赏时，他们会感到巨大的成就感，也会看到自身的价值。

2. 鼓励沮丧的学生，让他们保住尊严。老师对学生获得的成绩和进步应给予真诚的肯定与赞扬。鼓励是流淌的小溪，是老师手中的太阳。往往老师一句鼓励的话，能使学生情绪稳定下来，恢复信心。在课堂教学中，难免有学生答非所问，势必会遭到同学们的嘲笑，在无形中他们的身心会受到伤害。出现这种情况，教师要微笑着走到这个学生的面前，用手轻轻地抚摸一下他的头，面向全班同学，给他以鼓励："你回答问题很积极，老师相信你下一次一定回答得很完美！"这样，他不至于因一次回答失误而丧失交际的积极性。相反，他会激动不已，力争下次表现更积极，回答更完美。

在刚进入初中时，难免有学生不适应新环境，导致学习成绩不太理想，我们不应该因为学生的成绩不尽人意而立刻就把他否决了，甚至骂他"笨""蠢"，这样就伤害了学生的自尊心，也毁掉了学生的信心，恐怕他以后再也不会爱学习了。在对学生的教育中我深深地感到：最重要的教育方法就是要鼓励学生相信自己。教师的这种赏识情感触动着学生的心灵，对学生产生巨大的感召力和推动力，引起学生对老师作出积极的反应。它不仅使学生学会克服困难，充满积极向上的激情，而且对学生的智力、个性的发展产生直接影响。

3. 唤醒自卑的学生，使他们发现自己。我班学生赵杨一晗说话的时候总是怯生生的。课间，望着她孤单玩耍的身影，我心中有说不出的愧疚，我暗暗下决心：一定要唤醒她那颗天真活泼的心，一定要让她热情开朗地加入这个快乐的集体。为此，我采取了下面几个步骤来帮助她。首先，我有意接近她，让她知道老师喜欢她。其次，在上课时，我尽量多给她一些锻炼的机会，让她大胆在同学们面前发言和表达自己的想法。在学生面前，我大声地告诉他们我很欣赏赵杨一晗的朴实，还有让她担任班里的卫生干部。当课堂上赵杨一晗回答问题精彩时，我及时表扬她，同学们向她投去了敬佩的目光。一段时间后，她变得自信多了，脸上逐渐有了笑容。给她安排的工作，她非常热心积极地去做，而且她能主动地和其他同学一起玩。针对这部分学生，教师要专门为他们创造表达的机会，让他们感觉到老师并没有遗忘自己，时刻关注着自己。即使回答得并不完美，哪怕答非所问，也要及时给予鼓励。因为成功会帮助他们树立信心，从而唤醒一个自卑的学生，让他信心倍增，转自卑为自信。成功的欢乐是一种巨大的情绪力量，它是促进学生好好学习的动力。

对一个人的欣赏，也就是对他的赞美和鼓励。这会使被欣赏者充满自信地去实现和接近那人生旅途上不断涌出的目标，如神奇的风一般推波助澜。

实践使我懂得，老师一句激励的话语，一个赞美的眼神，一个鼓励的手势……往往能带给我们意想不到的收获。教师对学生小小的成功，优点给予赞美。可以强化其获得成功的情绪体验，满足其成就感，进而激发学习动机，培养自信心，促进良好的心理品质的形成和发展。对于一个成长中的学生来说，你最好的礼物是给他多一些的期待，而不是要求和责备，这要求我们既要多有一些爱，还要多有一些智慧。

第二篇　让惧怕家访变成喜欢被家访

"天不怕，地不怕，就怕老师回家告我爸。"这是我上小学时流行的一句俗谣。尤其是在犯错误时，最怕老师家访！其实细致研究下，后进生往往处在情感危机之中。由于成绩差，后进生经常受到学校和家庭的冷遇，甚至遭到鄙夷。为了维护被损伤的自尊，为了发泄心中不平之情，为了引起别人的注意与重视，他们便破罐破摔，打闹捣乱，行为越轨，以求得畸形的心理平衡。如果我们能真诚地向他们倾注情感，用真心、善意去感化他们、启发他们、诱导他们，逐步增强他们的信心和勇气，相信他们一定会转化成生活和学习的强者。在后进生的课题研究过程中，我听取了许多班主任的工作经验，很受启发，今天，我就侧重从家访这一角度与大家进行一些探讨。

从七年级的第一节班会课开始，我就在班上提出一个希望："希望我们班上没有差生，而且也相信这一点！"我说："我们班没有差生，只有习惯不好的学生，如果你的习惯不好，请改变你自己。我们班的每个同学在我心中都很重要，一个也不能少"。我发现，期待和肯定有时候是胜过批评与否定的，它们就像一盏盏指路明灯，指引着学生往正确的方向前进，最终达到你所期望的效果。到目前为止，我们班级的纪律一直都还好，学生们也还算听话。我想这归功于我那善意的期待吧！当然，这些并不意味着我班上就真的不会出现任何问题，该出现的情况也都会有。在纪律上，学生管不住自己，经常喜欢在课堂上讲话，改不掉从小学带来的不良习惯，这样的学生也有小部分。还有学生学习基础差，这两类学生即所谓的"后进生"。客观上，这些后进生不可避免地存在着，但主观上，我不想用这三个字给他们打上烙印，因为我坚信，就算学生有这样或那样的缺点和不足，也是完全可以改变的，当然，作为班主任，我们得了解学生，关心学生，走进学生的心里……

众所周知，家长是学生的第一任教师，家庭是学生的第一所学校，对学生的成长起着至关重要的作用。每个家庭由不同的人组成，一个家庭就是一个小社会，它不同程度地反映着当今社会的现实状况。家长的表现也各不相同。家长的素质如何，是否关心自己的孩子，教育孩子的方法是否得当，等等，都直接影响孩子的成长。在不同的家庭中生活的孩子，在很大程度上将形成不同的人生观、价值观和性格。由此可见，班主任在做学生的教育工作时，如果忽略了家庭影响这个因素，将是一个重大的缺失。卢梭曾说过："你必须好好地了解你的学生之后，才能对他说第一句话。"教师要教育好学生，首先必须了解学生，而要全面了解学生，必须了解他们成长的小环境，也是至关重要的环境，即家庭。因此作为班主任，我们有必要做好家校联系。

当然，家校联系的方式有很多种，但上门家访的效果会更好一些。有时候我们往往会发现：十次电话抵不上一次上门家访。因为家访非常有利于班主任根据学生个性特点、家庭背景施展不同的教育方式。学生与老师深厚的感情有时往往是因为一次成功的上门家访建立起来的。上门家访是学生、家长与老师互动最好的一种方式。老师能比较全面地了解学生的家庭状况，家长也能详尽地了解学生在校状况。老师能上门家访，说明老师对教育很负责任，对学生很关注。

但提起家访，大部分学生都很害怕，特别是那些被定位为后进生的学生。我在上学期的家访过程中，有一个学生吓得哭了；有两个学生在我去他们家的时候吓得提前跑了。后来我去调查了一下，原来很多学生在上小学的时候没有经历过家访，在他们的印象中，自己在校表现不好老师才会家访，老师在家长面前说自己的坏话！的确，学生在学校表现好坏，有时家长并不知情，为了让学生父母掌握孩子在校动态，老师开展家访，这本是件好事。然而，由于老师与学生缺乏有效沟通，将家访变成了惩罚学生的一个手段，不少学生将家访视为告状，因此与老师产生严重对立情绪。但是，被我家访过的同学就不会再有这些感觉了。以下例举我家访时的经历：

案例一：

我的第一次家访是七年级刚开学后的第二个月，我班上的李全东同学因患阑尾炎动了手术，班会课的时候我在班上公布说当晚要去他家看望他，让五个班干部陪我同行。当时在学校门口集合的时候，让我想不到的是，有十几个同学主动要参加，于是我们一队人马一起去看望了躺在床上的李全东同学，家长见此情境非常感动，李全东同学更是感动得要哭了。看着这些同学，我想他一定深切地体会到了班集体的温暖，同学们还商量着如何安排每天两名同学上他家来为他补课，而且之后真的这样做了。我真的深深地受到感动：这些孩子原来这么富有爱心！等李全东病愈回班后，他整个人都改变了，听他母亲说，他小学的时候很调皮，经常被老师和同学的家长告状，可是现在他变乖了许多。之后，我安排了体育委员的工作让他做，虽然偶尔还有一点儿调皮，但在我眼里他是个可爱的学生。我想这次特别的家访不仅对他具有教育意义，而且对全班同学培养集体意识和关心热爱他人的品格都是一次很好的机会。

案例二：

爱心是一个班主任管好班级的基础，只有爱学生，学生才会信任你。

对王博乂含同学的家访是源于他妈妈的一个电话，电话中的母亲气呼呼地说："老师，我这孩子是没办法管了，你帮帮我吧……"。于是我答应当晚去他家走一趟。那天晚上我是参加完学校教工会议后去的，他家住在我们王石镇东头，他妈妈早早就等在门口了。据了解，王博乂含家的家境不太好，妈妈几年前在一次车祸中受了伤，身体很虚弱，还有个姐姐，一家四口就他爸在外打工糊口，王博乂含是家里唯一的男孩，从小受到溺爱。据他妈妈说，王博乂含是真不懂事，不听话，说他一句顶三句，不尊重母亲，母亲说东他就偏往西，不爱学习……（一大堆的数落），看来母子的关系真的有点儿僵了。其实，王博乂含在学校也是属于那种最早被老师关注的对象，因为他的表现虽然不太坏，但习惯很不好，上课不认真听讲、爱讲话、做小动作、注意力很难集中，有厌学情绪。了解情况后，我进了王博乂含的房间，那时才晚上 7：00，他就躲进被窝睡了。听说我来了，他懒懒地坐了起来，没有要起床的意思。我支开了他的妈妈和姐姐，开始聊天了。一聊就是整整一个半小时，具体聊什么现在我也不太记得了，刚开始他不说话，低着头，沉默不语，一副等着受训的样子，慢慢地开始讲话了，说出了他的苦恼，说他妈妈很烦，很哆嗦，说他对学习没有信心……再后来，他愿意接受建议，且在我的指导下制订了学习计划。（其中特别强调早上早起读英语和晚上学习到九点睡觉）。我说要走时，他起身送我。临走时我跟他妈妈说："以后王博乂含会听话了，也会爱学习了，你一定要相信他，不要老是数落他"，她答应了，我又特别交待一点：王博乂含的学习计划叫他妈妈要帮助监督，如果一周下来都能按计划执行，建议他妈妈给王博乂含一件礼物作为奖励，比如买件新衣服（我是随口说的），这时，他妈妈连忙说："新衣服是要过年才买的，买支笔什么的倒还可以。"我听了心里一酸，这时才注意到了这个家，真的很寒酸，陈旧的房子还有一扇窗户都没装上，一块破毯子作窗帘，家里没有一件像样的家具，真够不容易的。

几天后的周末，我特意邀请王博乂含到我家玩，给他看我弟弟看过的书，给他水果吃，他说带回家再吃，我还让他挑了几件我弟弟不能穿的衣服，为了他的自尊心，我们约好这件事不让班上任何同学知道。第二天，他妈妈打来电话感谢我，说王博乂含这几天改变很多，人也开朗了，计划能照常进行，还说从来没有一个老师这样关心过他，他以后一定会听话的……我听了真的很欣慰。期末考试他的成绩从原来的两门及格变成了只有两门不及格。他父母很高兴，过年前还带着王博又含一起来看望我。走时，我对他妈妈说："我也是当母亲的人，以后我们就是朋友了。"

案例三：

李晟名帅同学是一个智商不错的孩子，只要稍稍努力，成绩就会提高。可他却是一个组织性、纪律性极差的孩子。课上，他会无故做一些滑稽的动作，引发同学哄堂大笑；课下还会经常与他人打架，发生争执；还有让人受不了的懒惰，作业经常不做。每当他站在你面前，无论是否犯错误，总会离你远远的，不敢正眼看你。而当你与他说这些事时，他会不服气，还会觉得委屈，而且脾气还有点儿倔，哎！真是拿他没办法。

记得李晟名帅有一个奇怪的嗜好：就是喜欢把养的小乌龟带到班上来玩，形影不离，我们班有规定，不能带小动物到班上来玩，在提醒了两次之后，他还是照带不误，没办法，按班规给他登记扣分，并且我还提醒他："下次再带来就没收小乌龟！"可是他还是带着它来了……"小乌龟风波"着实让我有点儿生气，有一次当我又发现他在抽屉玩小乌龟时，我没收了它，并扬言要摔死小乌龟，这时他急了，到我面前来求情："千万别摔死它，它是我最好的朋友……"看着他那满是泪花的双眼，我心软了，把小乌龟又还给了他。

我决定要弄清楚这件事，于是进行了家访，在一个周末的晚上，我这个不速之客去拜访了李晟名帅家，接待我的是他的奶奶。家访中我才得知：李晟名帅是一个生活在单亲家庭中的孩子，父母离异，他原本与父亲生活在一起，可是父亲又将他托付给了年迈的爷爷奶奶。父亲由于工作及应酬，经常不在家，所以就无暇顾及他的生活及学习。他的成长就是在随意中度过的。有时出去逛逛，有时在家里玩玩，至于玩些什么，无人问津；作业写没写，写的怎么样？没人晓得。与哪些人接触，从事什么活动？随意。就这样，时间长了，孩子的一些不良习惯就形成了。而每次他爸爸回到家，不问别的，只问成绩，一看成绩不好或表现不佳，就会大打出手。为此，孩子也受了不少委屈，吃了不少苦。所以，这孩子看人的眼光总是怯怯的，不敢正眼看人。他奶奶还告诉我，他不仅把小乌龟随身带着，晚上睡觉还放到被窝里一起睡呢。我听到里时差点哭了。

知道了这些，我对这个孩子充满了同情。于是我决定以后多关心他，多了解他，多与他交流，打开他的心结。

于是，我对李晟名帅倍加关注。我找了一个适宜的机会，跟他聊天，聊着就聊到了小乌龟，他一开始很紧张，以为我又要对小乌龟下手，因为据同学们反映，他还是偷偷带小乌龟到班上来。可是这次我用温和的口气说："我知道小乌龟是你的好朋友，所以以后我也不会去伤害它了，不过你有没有想过，你这样整天带着它，让它跟着你一起颠簸劳累，这样对它好吗？说不定你会伤害到这个小生命，如果你真的爱它的话，你应该让它在家里好好养着，你说呢？"他不说话，只是点了点头，我不知道我的话有没有起作用，可是后来我再也没有发现他带小乌龟来学校了。

从此，我一有机会就找他聊天，教他如何学会与人交往，如何去体会老师、亲人的苦心，如何慢慢改掉一些不良习惯……当他与同学发生争执时，我会先问清原因，然后让他们各自找到自己的错误之处，先向别人道歉，然后，对他们进行和风细雨的调解、教育。这样，他逐渐感受到自己得到了老师和同学们的尊重，有人关爱他了。于是，他站在你面前时，不再往后躲了，也愿意与你进行眼神及语言的交流了。慢慢地，也能看到他脸上的笑容了。他与同学的关系开始融洽和谐了，也能把大部分的精力用在了学习上。他的成绩也有了一定的进步，对自己也有了信心。

所以，一次用心的家访，是能够起到教育人的目的的。当然，前提是有一颗爱心和一份责任感。

可是我还想说一点：家访是要提前备课的。有些老师家访就如走马观花，流于形式，这样的家访是没有多大的效果的。一次好的家访要做好充分准备。我认为班主任家访起码要考虑好以下几个问题。

美德教育心得

一、目的性和期望值

每次家访前，班主任要明确此次家访要达到什么目的，如何达到这个目的，对本次家访成功与否的期望值，这个期望值符不符合学生的实际。

二、了解学生

家访前，班主任要对家访学生的在校表现、各科学习情况、兴趣爱好、习惯、优缺点等了如指掌，以便家访时能信手拈来，提高家访的实效。

三、提前预约

家访前，必须与学生家长提前约定好家访的时间，切不可盲目家访，这样学生家长很可能不在家，白白浪费时间和精力，也会大大影响我们自己的情绪。

四、时间的选择与控制

家访时间最好选择在学生放学后或双休日，这样学生也可以在场，家访的效果会更好。家访时间长短要视情况而定，如果家长较忙则不宜时间过长，以免耽误家长的工作，而像汪世君这样单亲的孩子的家访时间则可以待久一点儿。

得到的启示：从一次次的家访里，从一次次的后进生转化过程中，我深深地感受到：作为一个教师，不仅要有爱心、细心和耐心，更要有一颗高尚的心。何谓高尚？有人说："爱自己的孩子是本能，爱别人的孩子是神圣。"而教师所从事的工作就是一份神圣的工作，因为我们是在爱着别人的孩子。而在神圣当中又有高尚之人，什么人配得上是高尚之人呢？他们不仅爱那些长得好看的、成绩好的学生，还爱那些长得普通的、成绩差的学生。这样的老师，他不仅是神圣的，而且是神圣中的高尚之人。

总之，多年的班主任工作实践证明了：家访是后进生转化工作中的一个重要环节，是教师与家长沟通的一座桥梁，是学校与家庭交流的一个窗口。在一次又一次的家访中，在对学生进行关爱的同时，我也收获了许多：理解、快乐、感动、幸福……我深知家访也是一门学问，是一门永无止境的艺术，我们教师应满怀着对学生的爱心做好家访工作，发挥家校合力的作用。教育因爱而美丽，老师通过家访，让老师的爱永远流淌在学生的心田，成为学生成长的催化剂。

第三篇　赏识=孩子成功的动力

中国有两句古话叫"棍棒之下出孝子""严师出高徒"，有些家长与老师都信奉这一条"真理"。每当孩子成绩不佳或者出现这样那样的错误的时候，他们就纷纷以"家法""班规"处置，根本不注意孩子成长的心理特点。

一、棍棒、戒尺下真的能出好学生吗

中国官方媒体公布的一项由教育界和法律界联合进行的调查表明，中国家庭中打骂孩子现象十分普遍，有 2/3 的孩子挨过打，3.6%的孩子在家里"经常"挨打，"偶尔"挨打的高达 57.3%。有 15%的孩子在家里"经常"挨骂，"偶尔"挨骂的高达 69%。调查显示：遭父母打骂的孩子，有 9.2%的人产生过轻生念头，18.1%的人想离家出走，8.4%的人想和父母打一架，甚至还有 6%的孩子埋下了"复仇"的种子。犯罪心理学家张天然指出，"在暴力环境中长大的孩子，往往接受并使用暴力"，父母打孩子，实际上起到了教自己的孩子去打别的孩子的作用。这就是犯罪学中所说的"暴力的循环"。而且，遭打骂的孩子还极易产生其他不良的性格特征。不少中国父母抱怨，打孩子不好，可不打孩子又没办法。

有一个对初二学生关于父母教养方式的问卷调查显示：60%的孩子认为父母不能用理解的态度对待他们，83%的孩子认为父母总是用过分严厉的教育方式对待他们，81%的孩子认为父母过分干涉他们的事情，92%的孩子认为父亲极易采取拒绝态度和否定态度来对待他们。家庭教育策略失当成了中国家庭教育现状中存在的一个普遍问题。

日本著名儿童小提琴教育家铃木镇一在其《幼儿才能开发》一书中说："在孩子身上，存在着不可估量的潜在能力，虽是处在他们的双亲'摧残'之下，然而还是发挥出难以想象的能力，只要抛弃错误的教育方法，则无论什么样的孩子，其能力的幼芽都能茁壮成长起来，所以说，孩子能力的幼芽是被大人掐掉的。"

父母在家庭教育过程中，对孩子的教育方式过分严厉，干涉孩子的事情，否定孩子，只能扼杀孩子的成长，"黄金棍下出好人""不打不成器"的传统家教观念和惩罚式的家教手段显然已为现代教育所不齿。家庭教育应当树立"以人为本"的观念，充分尊重孩子，激发孩子的自信心，关注孩子的进步，宽容孩子的失败，引导孩子健康成长。

二、好孩子是夸出来的

挖掘孩子的闪光点，并及时表扬和鼓励孩子是家长的天职，是引导孩子健康成长的魔法。希望得到别人的赞扬和认同是人的天性。心理学家对儿童所作的心理测验表明，当一个疲惫的孩子受到赞扬时，他会产生一种向上的力量。相反，当孩子得不到赞赏或受到批评时，他现有的上进心也会戏剧性地减退。

日本的教育家铃木镇一在与孩子们的接触中发现，每一对父母教育孩子说话走路的那个阶段，孩子进步最快。因为父母总是用最欣赏最得意的目光关注着孩子从零开始的每一点进步，即使孩子学说话，说得再差，再迟，我们会说"贵人迟语"，父母从不会抱怨，只会不断鼓励、赞赏；孩子学走路，摔跤再多，父母从不会嘲笑他，只会坚持不懈地帮助他。结果，每一个正常的孩子都学会了说话走路。这个事例给我们一个重要的启示：赏识——成功的教育。

有一位母亲第一次参加家长会，幼儿园的老师说："你的儿子有多动症，在板凳上连三分钟都坐不了，你最好带他去医院看一看。"回家的路上，儿子问妈妈，老师都说了些什么，她鼻子一酸，差点儿流下泪来。然而她还是告诉她的儿子："老师表扬你了，说宝宝原来在板凳上坐不了一分钟，现在能坐三分钟了。"那天晚上，她儿子破天荒吃了两碗米饭，并且没让她喂。儿子上小学了，家长会上，老师说："全班50名同学，这次数学考试，你儿子排在第40名，我们怀疑他智力上有些障碍，你最好带他去医院查一查。"走出教室，她流下了泪。然而，当她回到家里，却对坐在桌前的儿子说："老师对你充满了信心。他说了，你并不是个笨孩子，只要能细心些，会超过你的同桌，这次你的同桌排在第21名。"孩子上了初中，又一次家长会。老师告诉她："按你儿子现在的成绩，考重点高中有点儿危险。"她走出校门，她扶着儿子的肩膀，告诉儿子："班主任对你非常满意，他说了，只要你努力，很有希望考上重点高中。"高中毕业了，儿子从学校回来，把一封印有清华大学招生办公室的特快专递交到她的手里，突然，就转身跑到自己的房间里大哭起来，儿子边哭边说："妈妈，我知道我不是个聪明的孩子，可是，这个世界上只有你能欣赏我……"听了这话，妈妈悲喜交加，再也按捺不住十几年来凝聚在心中的泪水，任它流下，打在手中的信封上……

　　孩子成长的过程中，最重要的是培养他们的自信心，有了自信心，可以促使孩子克服困难，努力进取，获得积极快乐的人生。父母最大的错误，莫过于打击孩子的自信心。教育部门研究评估后认为对孩子打击最深、伤害最大的话："笨蛋！看你那熊样！""我看你没救了！""你再学也是那样！""把你的嘴闭上！"在美国，有人已将赞美词归纳整理成101句，印在一页纸上，几乎家家户户都将这101句赞美词的复印件贴在冰箱上、门上或其他显而易见的地方。父母几乎每天都要对孩子说那些赞美的话，如：你真棒！干得真好！做得漂亮！你是最好的！你是非凡的！你真是妙不可言！你是我欢乐的源泉！

我们知道，人的需要除生理需要外，还有更高层次的社会需要，比如交往的需要，受人尊重的需要，自我实现的需要等，这些需要从婴儿期就开始陆续产生和发展起来，随着年龄的增长，这些需要的内容与层次就会，成为伴随人心理活动不可缺少的一部分。而赏识教育正是根据孩子这一心理特点，在承认差异、尊重差异的基础上产生的一种良好的教育方法。

赏识教育的基本含义：家长应该将耐心和信心延续到孩子的整个成长教育阶段，对孩子多欣赏，多表扬，多鼓励，承认差异，允许失败，注重孩子的优点和长处，让孩子在"我是好孩子"的心态中觉醒，使孩子在快乐中成长、学习，从而爆发出巨大的学习潜力。

赏识教育的实践者周弘的女儿周婷婷生下来 48 天，便被诊断为双耳失聪。从此，在南京机床厂做技术工人的周弘开始了充满艰辛的教女历程，用亲身实践摸索出一套赏识教育的方法。婷婷 16 岁时成为中国第一个聋人少年大学生，2002 年荣膺首届"海内外十大时代女性人物"之一，后来在美国著名的大学———波士顿大学攻读博士学位。周弘被称为"中国第一位觉醒的父亲""赏识老爸"。

周弘认为：传统教育方式里家长扮演的是"挑毛病"的角色，而"赏识教育"里，家长扮演的则是帮孩子"找光明"的角色。周婷婷，回忆起自己成长中一些难忘的事：念幼儿园时，她曾因听不见、不能和小朋友交流感到自卑，父亲知道后，给她讲了美国著名作家海伦·凯勒不能看不能听却自强不息的故事。

父亲还把一张美国天才儿童生活习惯表压在了婷婷课桌的玻璃台板下，一看到婷婷有相似的习惯立刻拉她过去看那张表，大呼小叫地说："婷婷，你看书废寝忘食，符合天才的习惯，长大了肯定是天才。"不仅如此，从小学三年级开始，只要婷婷写了作文，父亲就会在吃过晚饭后，召集全家人坐下来，听他声情并茂地朗诵她的作文。

三、家庭教育中巧用赏识教育

赏识教育的本质是爱的教育，中心就是让孩子树立自信，赏识教育的特点是注重孩子的优点和长处，使其逐步形成燎原之势，让孩子在"我是好孩子"的心态中觉醒，使他们变得越来越好。赏识教育是承认差异、允许失败、符合生命成长规律的教育。它可以化解孩子的心结，让孩子心灵有个家；可以让孩子学会用赏识的目光看世界，形成良好思维习惯；可以让孩子学会快乐并带给别人快乐；可以让孩子学会与人和谐相处。

（一）正确夸奖孩子

夸奖也是赏识教育的一种形式。日本有一儿童教育学家的一项研究表明，孩子经常受到家长夸奖和很少受到家长夸奖的，其成才率前者比后者高五倍。这就充分说明夸奖对孩子的重要性。我国伟大的教育学家陶行知先生也指出：教育孩子的全部秘密在于相信孩子和解放孩子。而相信孩子，解放孩子，首先就要学会夸奖孩子。没有夸奖就没有教育。但夸奖孩子并不是一件易事，首先要夸得准，如果夸得不准，孩子就会感觉受了欺骗，认为大人在故意夸他，也就起不到激励作用。我们常常遇到这样的事，当家里来了客人时，为了让孩子不干扰与客人的交谈，父母常常对孩子说："你是个听话的好孩子。"父母笼统的表扬，孩子不知自已好在那里，吵得更凶。于是又换来了家长的抱怨："刚表扬你几句你就疯起来了。"这样随意的表扬不仅起不到积极的作用，相反还会养成孩子为了表扬而养成做假或讨好的行为。只有当孩子对某一件事付出努力，并取得成效时进行的表扬才是孩子乐意接受的，从而起到积极的作用。

（二）赏识要适度

若赏识不够，对孩子不屑一顾或训斥指责，会伤害孩子的自尊心，孩子产生自卑心理，缺乏自信，表现懦弱。反之，过度赏识，会导致孩子自满自傲，任性，不能客观正确地评价自我，若稍遇坎坷便一蹶不振。

适当把握赏识力度，不同孩子赏识的程度不同。如胆小呆板的孩子多肯定鼓励，少批评指责。对调皮、好动、表现差的孩子要善于捕捉其闪光点，及时给予肯定鼓励，扬长避短。好孩子、任性的孩子适当赏识，多提新的更高的要求或多鼓励他克服任性的行为。

（三）把握赏识时机

孩子的一切活动都希望得到家长和成人的认可和赞赏，并影响着孩子的成长方向，因此，在家庭教育过程中，父母一定要把握时机。如当孩子帮自己叠好了衣服，可以对孩子说："你帮了妈妈很大忙！你一定花了不少时间和心血做事，真棒！"如孩子叠得很好可以说："你真的竭尽全力了。"如果孩子帮忙洗碗可以说："妈妈今天很累，你能帮妈妈洗碗了，妈妈可以休息一下了，真棒！"这样的赞扬不仅表示父母欣赏孩子的努力尝试，而且还鼓励孩子继续努力，并在努力之后获得满足感，而不仅仅着眼于成果。儿童心理学研究表明：孩子的一切活动都希望得到家长和他人的认可，这样的承认和赞许对他们的进步是十分重要的。家长应善于发现孩子的每一点进步和成绩，并及时用不同的形式加以肯定和表扬。

（四）赏识必须出自真诚

父母不能把赏识理解为单纯的表扬与鼓励，为赏识而赏识，这种赏识会更多停留在口头上，显得有点儿苍白无力。另外，父母会把这种狭隘的赏识建立在孩子已有的成就上，于是赏识成了一种锦上添花，一旦孩子没有了明显的进步，赏识便会变成抱怨。还有一种，就是父母先预支自己的赏识，一旦孩子不能如愿，便收回赏识，于是，在孩子的心中，父母的赏识并不出自真诚，而是带有很大的功利性，就像传说中狼外婆的甜言蜜语。

（五）赏识要持之以恒

一般情况下，家长会注意鼓励孩子，但有时在多种因素的共同作用下，容易造成成人行为失控，在情急生气时，忘了鼓励反倒讥讽，大声地指责，"这么笨，别上学了""你真没记性，真是死不悔改"等，从而挫伤孩子的自尊心，降低孩子对自我的评价，对自信心的形成产生不良影响，并且孩子误以为大声呵斥也是人际交往的一种方式而去模仿。

所以家长对孩子要宽容、和善、耐心，时刻不忘去赏识孩子，给孩子以希望。

（六）赏识要有一定的艺术性

当孩子取得成绩或受挫失败时，用肯定性言语和鼓励性言语进行赏识，如："你真棒""再试一次，一定会比刚才更好"等；也可采用一些体态语进行赏识，如摸摸孩子的头，拍拍孩子的肩，拉拉孩子的手，对孩子报以会心的微笑，送去一个赞赏的目光。这会给孩子带来极大的安慰和鼓励。

始终用微笑来对待孩子，这是教育孩子的关键。成功的家教中绝没有当头棒喝、泼凉水、指责、埋怨，而只有赞赏、夸奖和鼓励，以及偶尔的适度批评。如果孩子遇到的是一张微笑的脸，看到的是经常竖起的大拇指，得到的是赞赏、夸奖、鼓励，他的心情一定会特别好，学习积极性就有可能被充分调动起来。不要没完没了地唠叨孩子的坏行为、坏习惯，否则，"坏孩子"可能就诞生在家长的言语之中。

父母是孩子的第一任教师，家庭是孩子成长的摇篮。每个父母对孩子真心的赏识，不仅可以帮助孩子克服消极情绪，激发孩子的积极性，帮助孩子增强自信心，获得安全感，而且还可以促进孩子的学习生活，使他们产生良好的愿望，并且促进孩子之间良好的关系，使孩子身心健康、活泼地成长。

（七）赏识教育不排斥批评

赏识和批评，就像鸟的两翼，缺一不可。每个孩子都有可以赏识的地方，自然也有可批评之处。正确的赏识，可以给孩子以极大鼓舞；恰当的批评，也会促使孩子进步。

赏识教育中的批评要看准时机，坚持正面引导的原则，充分尊重人格，避免当众批评。当孩子的功课做错了时，你最好别说"你错了"，而要很委婉地讲："你检查一下，有没有按照老师指导的方法去做?"这样既帮助孩子找到了不足，又保护了孩子的自尊心。

第四篇　让温暖也能走进后进生的心田

一个班级里，只要有考试，有竞赛，有活动，就会存在差等生与优等生。在一些老师的眼里，后进生让人头疼，甚至对他们置之不理。但是，苏联教育家苏霍姆林斯基曾经说过："每一个学生都各自是一个完全特殊的，独一无二的世界。每个学生都有自己的特点、兴趣、情感和需要，具有不同的发展水平。"因此，在后进生的转化过程中，要让后进生有所提高，有所发展，班主任必须根据后进生的个体差异，采用不同的方法做好个别教育。在此，我就用班主任的工作实际，谈一谈自己在后进生转化工作中的做法。

一、了解后进生的内心世界，增加"感情投资"

要做好后进生的工作，就要了解他们的内心世界。后进生往往有两种矛盾心理：一是认为别人看不起他们；二是他们也有自尊心，也想得到老师、同学的理解和信任，在集体中找到自己应有的位置。针对后进生这一心理特点，班主任首先要亲近他们并随时随地去观察他们，主动与他们进行感情交流，对他们多一些尊重，多增加"感情投资"，促进后进生良好情感的形成。

我班马鑫同学，每次考试都排在后几名。我从侧面了解到他的一些情况：他是因为父母都比较忙，平时学习和生活上缺少正确的引导，从而慢慢养成学习上的惰性。我在与他的交流中，真诚地告诉他，其实他学习成绩差并不是学不好，只是方法不当而已，只要改掉原来不好的学习方法，一定能提高成绩。我帮他指出原来学习方法的不足之处，鼓励他要多问，提出"每天进步一点儿的口号"，并告诉他："我期待他下一次的进步。"我请一些学习成绩较好的同学平时多给予他一定帮助和指导。这样一来，这位同学会感到身边每一个人都在关心和期待他的进步，所以他会努力地改变自己，听课和作业也越来越认真了。

我也适当委任部分负责任的后进生当班干部，在培养班干部上，我也注重情感的投入。在元旦，我会给他们寄一张贺卡，写上：你辛苦了，感谢你为班级所做的工作；在期中、期末都会给班干部一份惊喜；平常多与他们谈当班干部的好处，谈如何当一位优秀班干部，鼓励他们不断进步。

我国著名教育家陶行知先生说过："没有爱的教育将会使教学枯燥，像山泉枯竭一样。"可见，老师对学生实施关爱的教育方法，是教育取得成功的关键。作为班主任，只有关心、热爱班上的后进生，给予他们真诚的爱护，关心他们的学习、生活，使之产生感激之情，并由此转化为学习的动力。

二、捕捉后进生的闪光点，创造转化契机

俗话说："金无足赤，人无完人。"每个人都会有自己的闪光点，这就需要教师想方设法使其闪光点得到充分发挥，而自尊心是学生积极向上、努力克服缺点的内部动力之一。后进生大多数都有自卑感，缺乏自尊心和自信心。为此，老师在转化中对后进生不能歧视，不能厌弃，不能过多地公开批评。要全面地、深入地、客观地了解他们，努力发现他们身上的闪光点，哪怕是一点一滴的进步，都要及时给予表扬和鼓励，以激励他们对学习的兴趣。还可以积极创造条件给予帮助，使他们能够施展所长，从而达到良好的教育效果——使后进生不自暴自弃，树立自尊心和自信心。

记得曾经教过一名叫杨勇的学生，父母离异，他显得

很自卑，总感觉自己不如人家，我利用在一次数学考试中，最后一题除他做得非常完整外，其他平时比他好的同学都未能做到，我大张旗鼓地表扬了他，并要求班上与他要好的几个成绩好的同学时时帮助他。在中考前，我与各任课教师都打电话鼓励他，在走进考场前，给他一个会心的微笑。最后，他以高出二分的成绩被海高录取，老师和他的家长都感到有些不可思议。

在批改试卷的过程中，对于后进生，我经常在他们的试卷上写上批语：好；有进步；书写很清楚、认真、工整；进步很大；如果再认真审清题就更好了；思路正确，如果能再答全面一点儿就更好了。我在不同时期给学生传一些激励性纸条，没想到学生争着问我要纸条，并说像一张奖状一样，有的还把纸条贴在饭桌旁的墙壁上。

法国教育家卢梭曾经说过："赞扬学生微小的进步，要比嘲笑其显著的恶迹高明得多。"作为班主任，要时刻捕捉后进生的闪光点，及时给予肯定和表扬，满足后进生的自尊心和正常的心理需要，以创造转化契机。

三、培养后进生的兴趣，把握转化时机

兴趣是最好的老师。因此要善于激发后进生各方面的

兴趣，针对个人的问题和特点，有的放矢，因材施教，提高明辨是非的能力，使他们能感受到经过自己的努力而获得成功的喜悦，从而树立学习的信心，慢慢地把成功的经验转移到学习上来。

我班里的刘佳玉同学，是个胆小而羞怯的女孩。她的学习方法不科学，她的自卑感较重，于是我找她谈心，了解到她小提琴拉得很好，我在班会上表扬了她。课后找她谈心，我说小提琴那么复杂，你都能学会拉，证明你很聪明，相信你在其他方面也一样能做得出色。她看着我点了点头。我指出了她平时听课不专心，课后胆小不敢请教老师和同学，不懂的内容越积越多，导致学习成绩差。于是我安排学习成绩最好的容晓同学为她辅导功课，当她取得初步进步时，我及时鼓励她，在课堂上，我也有意识地向她提问题，由浅入深，以锻炼她的胆量，坚定她的自信心。经过努力，她的学习有了显著提高，胆子大了，变得更自信了。

当然，"冰冻三尺，非一日之寒"，转变后进生的工作也不是一朝一夕的事。在教育后进生时，我们要本着循序渐进的原则，不仅要给后进生帮助，而且要给他们时间，而不能说"江山易改，本性难移"等打击后进生积极性、刺伤其自尊心的话。

总之，对后进生，我们更要倾注爱心，以尊重、赏识唤起他们的进取心，以真诚、宽容激发他们的上进心，努力消除他们的心理障碍，引导他们力争上游、健康成长。只要我们从热爱学生的真诚愿望出发，动之以情，晓之以理，就一定能做好后进生的转化工作。

第五篇　探索转化后进生的一些办法

一直以来，一提到后进生就会让每一位班主任或任课教师感到头疼不已。可见后进生的教育工作真是教育工作者的一大难题。

由于社会、家庭以及个人智商、情商等诸多因素的存在，必然会有品质、性格各异的学生。一个班级就是一个社会、一个世界的缩影，它包容着不同性格、不同爱好、不同资质、不同家庭背景的学生。所以，后进生的存在也就不足为奇。

《中国教育报》专版呼吁"后进生是藏在顽石中的美玉"、"每个学生都有他不容忽视的潜能""让后进生与其他学生共享阳光共享一个小小的班级，班级应该同样容纳后进生"。后进生的关注和转化工作是教育界不可回避的问题。作为班主任，我谈谈改进后进生的点滴体会。

一、成为学生中可信的一员

北京海淀区特级教师罗里曾说过这么一句诙谐的话："如果把优等生比作'绵羊'，那么，后进生便是'刺猬'了，做好班主任工作的第一步应该是如何接近这些'刺猬'。"

后进生是多种原因造成的。"冰冻三尺，非一日之寒"，由于整个社会对他们的偏见和轻视，日积月累，他们大都表现出冷漠麻木、纪律涣散、意志消沉、自暴自弃等恶习，对教师存在戒备的心理和敌意，特警觉他人对自己的冷落，特恼怒他人对自己的冷嘲热讽、训斥辱骂。

教育过程中，师生双方存在着"理性"和"感情"这两方面的动态的人际关系。要想成为学生中的一员，那么，针对后进生的特点，教育后进生时，应从"情的感化和理的渗透"入手，动之以情，晓之以理，采取刚柔相济的方式，做到严而有格，松而有度，平易近人，和蔼可亲。这些做法，能在潜移默化中，促进师生之间的沟通，架起理解的桥梁。

首先，教师要有"以育人为己任"的思想，要像爱护自己的子女那样，无微不至地关心他们，和他们交朋友，鼓励他们大胆地提出各种问题，哪怕他们的问题显得幼稚而无知，我们也要不厌其烦地给予解答，从内心深处注意发现他们的矛盾、苦楚和隐痛，帮助他们解决困难，及时地发现他们的进步，并给予表彰和鼓励，使他们找回自尊、树立信心。如果老师注重"情感投资"，一视同仁地对待他们，真心诚意地帮助他们，教师就能走进他们的内心世界，为自己开创一个得心应手的教育环境，学生就会"亲其师"而"信其道""乐其学"，就可收到"润物细无声"的教育效果。

其次，尊重是理解的前提。与普通学生相比，后进生更渴望得到老师的理解、尊重，因此，教师在教学的过程中，应客观、公正地审视后进生，对后进生多一些关注，在各种活动中，注意发现他们身上的闪光点并及时给予热情的鼓励。和一般学生相比，后进生身上的缺点较多，犯错误的几率更大，当他们犯错误时，教师应当注意指导的方式，将心比心、和声细语、循循善诱、因势利导地讲清道理，切忌急躁，绝不能因此抹杀学生的优点，将学生批评得一无是处，更不能翻陈年老账，不留余地地对学生进行训诫、讽刺、挖苦、谩骂，因为这样做，极易激发后进生逆反的心理，使以后的转化工作难以进行。

最后，作为教师，在完成教学任务的同时，还要时刻研究"如何关心后进生、尊重后进生和热爱后进生"，力求在师生之间产生"情感共振"。

例如：某教学班，有个学生叫王张洪新，他总是坐在班级最后一排的角落里。

那年，我担任这个教学班的班主任，却遇到一件极头疼的事，王张洪新从来"不出操、不扫地、上课不起立"，许多学生以他为榜样，使班级的许多工作难以开展。于是，我把王张洪新列为我的首要工作对象。

经过深入调查发现：王张洪新是"黑社会"组织成员，常参与社会上的打架与斗殴，而且心狠手辣，这个学生还兼任跆拳道助教，所以，他是学生心目中的老虎，老师们对他都敬而远之，其他学生也不和他交往。所以，他的座位像个禁区，他已不再用语言和同学们交流，取而代之的是拳头，其他学生敢怒不敢言，他就这样生活了近两年。

不过，我发现他常会呆呆地看着同学们做游戏、聊天、买东西吃。我心一揪：其实，他很孤独！我觉得这是个征服他的突破口。有一天，我看他孤零零地往走廊尽头走去，我追上他，微笑着问他："去哪儿呢？"他感到很意外，好久都反应不过来，最后结结巴巴地做了一个微笑的忸怩动作，像害羞的小姑娘，我暗自窃喜"有门"！

那天，他独自在操场的角落里，看同学们追追打打、欢声笑语，充满羡慕的表情。我靠近他，微笑着说："干什么呢？"他有些害羞："没干什么。"我陪他在操场的角落

89

里，东拉西扯地聊了好久，他不由自主地谈论了许多跆拳道的事、也谈"黑社会"、还谈起他的经历……我们的距离越来越小，他也感慨："我从没对一个老师说过这么多的话！"我说："我需要你的帮助，今后，你担任副班长吧。"这又是个意外，他深知自己在班级和学校的形象，忸怩道："再说吧。"其实，他多渴望老师的这种信任啊！接着，我直接在班级中公布了这个决定，我看到他悄悄地笑了一下。

从此以后，他再也没有"不出操、不扫地、上课不起立"的表现，相反，对于有这种表现的学生，他还用武力教训他们。私下里，我坚持引导他改变这个坏习性。

二、建立得力的班委体系

日本心理学家多湖辉在《幼儿才能开发》一书中说："每个孩子身上都蕴藏着巨大的不可估量的潜力，每个孩子都是天才，宇宙的潜能隐藏在每个孩子心中。"

这就要求教师，特别是班主任老师做到：

①坚持全面发展的教育目标。用全面发展的眼光来评价学生，不要以分取人，使所有的学生在德、智、体、美、劳等方面都得到全面发展，这是我国教育目标的要求。教育者的一切工作都要围绕这一目标来进行。面对"后进

生"，教师只注重学生的纪律和学习，而忽视其他方面的培养是不恰当的，要改变"重智育轻德育""重德智体轻美劳"的传统观念。

②用全面发展的眼光，发现后进生的优点。中学生处于自尊心和争强好胜之心急剧增强的时期，他们遇事不甘示弱，都希望自己做得比别人好，成为优胜者，最怕别人轻易地否定自己，瞧不起自己。我们所说的后进生，并非样样不如人，如：有的后进生对学习没什么兴趣，但擅长体育运动；有的后进生纪律观念差，但热爱劳动、关心集体。我们要研究他们的心理特点和实际情况，充分挖掘后进生的潜能和特长，及时抓住他们的闪光点进行表扬鼓励并加以利用，运用赏识教育，针对差生闪光点的不同类型，有意识地在班级、学校、家庭给他们创造有利于他们施展特长的环境，鼓励他们进入角色，把自己的潜能、特长发挥出来，得到别人的肯定，激发他们的内驱力，增强他们的自信心，从而自觉地改正错误、不断进步，促使其向优生转化。

清朝的龚自珍说过"我劝天公重抖擞，不拘一格降人才"，明朝的况钟也说过"职位，唯能者居之"，当今社会也提出了一个观念"在职，却无作为，也是犯罪"。所以，教师，特别是班主任老师，在管理一个班级时，首先应该发现在各方面有特长的学生，委以班委的职务，建立具有实际工作能力的班委体系，相反，绝不能以学习成绩和分数把我们所说的后进生排除在班委体系之外。事实上，许多教师都把学习成绩作为任用班委的唯一标准，导致他们建立的班委体系不能顺利地开展各种活动，因为他们的班委在这些活动中都没有什么特长。

例如：参加工作的第三年，我接管了一个教学班。所有的班委都是学习尖子，虽然班级纪律一团糟，但他们在"大风大浪"中，依然能稳如泰山地学习。

我刚进教室的那天，满地是纸屑，垃圾成山，黑板没擦，学生们追来追去，灰尘满天飞。我敲了敲桌子，有人观望；有人仍在追追打打；有人站在别人的座位边聊天，意犹未尽；有人在走廊上慢慢地走；不时还有学生迟到……

我发现，班中的王斌的个子矮，坐在第一排，更因为这个学生顽劣成性，若不安排在教师眼皮底下，他就会大闹天宫，属于常被点名批评，家长也常被牵累的那种。老师们也盼望他能改正缺点。

那天，我到班级中发现：班级卫生又没人负责。我火冒三丈，劳动委员说："我忘了。"王斌义正词严毫不留情地大声骂劳动委员，我制止了他，不过，我马上强调"卫生工作是班级工作的重要组成部分"，顺便也表扬了一句："刚才，王斌的语言不够恰当，但他所说的道理是正确的，希望大家都要有这种班级荣誉感。"王斌很高兴，那节课，他很安静。课后，有人告诉我"王斌主动打扫班级卫生"。

我通过了解得知这个学生历来热爱劳动，常帮助打扫班级卫生。于是，我有了一个想法："冒天下之大不韪"，任用王斌为劳动委员。一知道这个信息，其他老师和学生们都强烈反对，似乎要把我的想法撕碎。

我把王斌找来，我没有批评他，而是表扬了他那天的表现，接着，我向他征求关于卫生工作的管理措施的建议，这正好合他的口味，他滔滔不绝地谈了许多建议，我觉得他有能力胜任班委工作，并在班级公布了这个决定，有些学生不服气，我也做了让步："先试试看看，王斌只是暂时参与班级卫生管理。"

但事实上，王斌起早贪黑地到学校来，还制订了评比方案，班级卫生焕然一新，再也没有人敢反对，此外，他的表现也日新月异。

三、树立榜样的作用

历史典故一：秦国的改革家商鞅，为了使人民相信他建立的法典，便安排了这样一个小插曲：他在城北树立了一根木杆，扬言："谁能把它扛到城南，就能得到奖赏！"

大家不相信，后来，有个农民把木杆扛到城南，真的得到了奖赏，于是，人民终于相信了商鞅和他的法典。历史典故二：汉武帝想要千里马，他的属下用千金买了已死的千里马的头，不久，献马者向京城蜂拥而来。历史典故三：西汉初，群臣怀疑刘邦有"兔死狗烹"的举动，准备造反，刘邦采用张良计策，把他最痛恨的彭越封侯。于是，群臣信服了刘邦。

以上典故都在说明：榜样是一种精神的体现，它具有无限的号召力。榜样的力量是无穷的，精神的力量是永恒的。在学校中，如果我们能树立学生榜样，特别是，若把取得进步的后进生树立为学生榜样，那么后进生就会感到更有动力去学习，它对于学生的发展，具有强烈的外在示范性和内在的感染力，并对他们的思想、感情、语言、行为都会起着潜移默化的作用。

例如：又一年我教的七年级二班的张王俊博是个大家公然唾弃的后进生，好吃懒惰、卫生习惯不好、经常迟到、性格孤僻、暴躁，师生不喜欢他。

担任班主任后，我在班上宣布了新学期的评比方案，并承诺给予相应的重奖。张王俊博有些心动，结果他取得一定进步，我不想伤害他的热情，给了他一张奖状，还给他的家长打了一个电话，表扬他的进步。家长有些不相信自己的耳朵，事实上，次日，这个从不敢在学校抛头露面的家长竟然赶到学校，在教学楼的走廊上兴高采烈地感谢我能表扬张王俊博，还希望我继续关心张王俊博。那个下午，张王俊博告诉同学们，他的妈妈给他买了两套新衣和一双鞋。从此，张王俊博的表现更好了，他也越来越被同学们接受。事实上，在张王俊博身上的效应，使学生更加服从我的评比方案，出现了"比优赶先"的热潮。

除此之外，教师还可以用革命领袖、历史伟人、英雄模范、爱国科学家的先进事迹和典型的优秀思想行为对学生施加影响，激励他们不懈地努力奋进。

同时，教师也应塑造自己崇高的形象：①要有良好的师德，具备德高为范的政治素质，严于律己，以身作则；②要有过硬的教学技能，具备学高为师的业务水平，知识渊博，善教会导；③要有美观的仪态，具备以身立仪的审美素养，运用美的教学语言，显现美的教学内容，教师对学生进行耳濡目染的熏陶，使学生在审美愉悦中获得素质的全面发展。

教师必须有打持久战和反复战的心理准备，恪守"没有永远的后进生，只有暂时的差异"的教育信条，还要注意方法，因人而异，多一点儿耐心，多一点儿爱心，点燃他们智慧的火花，调动他们的热情，激发他们向上的欲望，让后进生朝"团结、紧张、严肃、活泼"的宗旨迈进，成长为"严谨、向上、有素质"的新一代！

第六篇 《走近父母》主题班会设计方案

教学目的：

召开主题班会，使学生能够体谅父母，缩短与父母的心理距离，学会如何与父母沟通，真正走近父母。

教学方法：讨论法。

教学程序

一、课前填写调查问卷

填写调查问卷，调查学生与自己父母的关系，不需要写名字，请真实填写。

A. 亲密　B. 比较紧张　C. 疏远

填完后马上收齐，统计。

二、根据课前统计情况，导入

是谁，把我们带到这美丽的世界？是谁，呵护我们、保护我们、照顾我们？是我们的父母！可是，现在你是否觉得父母和你们的距离已经慢慢地拉大了。你们和父母是否已经没有了亲密感？今天，就让我们来学习如何走近父母。

三、大屏幕显示一些图片

1. 不顾父母劝阻，长时间上网，荒废功课；

2. 放学迟迟不愿回家，贪玩；

3. 长时间能电话和对方聊天。

除了以上情况外，你们是否还会有不愿与父母外出、或长时间看电视、或与父母争吵等情况？

请同学们讲讲与父母还有哪些地方关系紧张。

如果你们有以上情况，父母会如何惩罚你们？请同学们讲讲被惩罚后的感受。

被父母惩罚、责骂、殴打，你们会觉得父母很不近人情吗？那让我们站在父母的角度上看看。

四、从父母角度看

投影毕淑敏的《孩子，我为什么打你》。

请一个学生朗读全文。

五、从自身找原因

是的，打与不打都是爱，那被打事件中，你有没有做错？请曾经被父母惩罚过的学生说说自己做错了什么事被父母惩罚。

六、小组活动

写一写：父母每天要为家庭做多少事？付出多少时间？

想一想：父母容不容易？你们有没有分担父母生活的艰辛？

议一议：对自己父母不满意的学生，你们认为谁的父母最理想？

说一说：拥有"最理想父母"的学生谈谈你们的想法。可以调换父母吗？

七、怎么与父母交流

既然父母不能调换，我们就一定要包涵、接纳自己的父母，并尽量和父母多一点儿交流。我们该怎么和父母交流呢？

1. 老师说说自己与父母孩子交流的情况。

2. 学生说说自己与父母交流的情况。

3. 选出一些写得比较好的"给父母的一封信"，请学生朗读，并朗读父母的回信。

由此可见，我们与父母的关系并非不能改变，父母也不是不近人情的，他们也在关心我们，也在想办法走近我们。那么我们就该主动走近父母。

走近父母的方法：

1. 多向父母表达你爱他们。

（1）主动承担家务；

（2）纪念日、节日时送小礼物；

（3）遇到特别情况时写一封信表达感激；

（4）适时为父母倒杯茶、削个水果。

2. 和父母有分歧时学会换位思考，站在父母的角度想一想。

3. 应让父母感觉到你相信他们，多交流并经常给予赞美。

（1）多向父母说说自己的情况，自己的愿望；

（2）多倾听父母的话；

（3）遇上烦恼，告诉父母，寻求父母的帮助。

4. 回家和外出主动向父母打招呼。

5. 时时谨记：父母只会爱孩子，绝不会害孩子。

只要能理解、孝敬、尊重父母，你就和父母走近了。

八、布置作业

1. 做一个表格，列举父母工作之余为家庭做了什么事，花了多少时间。

2. 给父母送一张卡片，表达你对他们的爱。

3. 平时多为父母倒杯水或分担一些家务。

附：毕淑敏《孩子，我为什么打你》。

有一天与朋友聊天，我说，就是在"文化大革命"中当红卫兵，我也没打过人。我还说，我这一辈子，从没打过人……你突然插嘴说："妈妈，你经常打一个人，那就是我……"

那一瞬间，屋里很静很静。那一天我继续同客人谈了很多的话，但谈话时心不在焉。孩子，你那固执的一问，仿佛爬山虎无数细小的卷须，攀满我的整个心灵。面对你纯洁无瑕的眼睛，我要承认：在这个世界上，我只打过一个人。不是偶然，而是经常，不是轻描淡写，而是刻骨铭心。这个人就是你。

在你最小最小的时候，我不曾打你。你那么幼嫩，好像一粒包在荚中的青豌豆。我生怕任何一点儿轻微地碰撞，将你稚弱的生命擦伤。我为你无日无夜地操劳，无怨无悔。面对你熟睡中像合欢一样静谧的额头，我向上苍发誓：我要尽一个母亲所有的力量保护你，直到我从这颗星球上离开的那一天。

你像竹笋一样开始长大。你开始淘气，开始恶作剧……对你摔破的盆碗、拆毁的玩具、遗失的钱币、污脏的衣着……我都不曾打过你。我想这对于一个正常而活泼的儿童，都像走路会跌跤一样应该原谅。

　　第一次打你的起因，已经记不清了。人们对于痛苦的记忆，总是趋向于忘记。总而言之那时你已渐渐懂事，初步具备童年人的智慧。你混沌天真又我行我素，你狡黠异常又漏洞百出。你像一匹顽皮的小兽，放任无羁地奔向你向往中的草原，而我则要你接受人类社会公认的法则……为了让你记住并终生遵守它们，在所有的苦口婆心都宣告失效，在所有的夸奖、批评、恐吓以及奖赏都无以建树之后，我被迫拿出最后一件武器——这就是殴打。

　　假如你去摸火，火焰灼痛你的手指，这种体验将使你一生不会再去抚摸这种橙红色抖动如绸的精灵。孩子，我希望虚伪、懦弱、残忍、狡诈这些最肮脏的品质，当你初次与它们接触时，就感到切肤的疼痛，从此与它们永远隔绝。

　　我知道打人犯法，但这个世界给了为人父母者一份特权——打是爱。世人将这一份特权赋于母亲，当我行使它的时候臂系千钧。

　　我谨慎地使用殴打，犹如一个穷人使用他最后的金钱。每当打你的时候，我的心都在轻轻颤抖。我一次又一次问自己：是不是到了非打不可的时候？不打他我还有没有其他办法？只有当所有的努力都归于失败，孩子，我才会举起我的手……每一次打过你之后，我都要深深地自责。假如惩罚我自身可以使你汲取教训，孩子，我宁愿自罚，哪

101

怕它将猛烈 10 倍。但我知道，责罚不可以替代也无法转让，它如同饥馑中的食品，只有你自己嚼碎了咽下去，才会成为你生命体验中的一部分。这道理可能有些深奥，也许要到你也为人父母时，才会理解。

打人是个重体力活儿，它使人肩酸腕痛，好像徒手将一千块蜂窝煤搬上五楼。于是人们便发明了打人的工具：戒尺、鞋底、鸡毛掸子……

我从不用那些工具。打人的人用了多大的力，便是遭受到同样的反作用力，这是一条力学定律。我愿在打你的同时，我的手指亲自承受力的反弹，遭受与你相同的痛苦。这样我才可以精确地掌握数量，不致于失手将你打得太重。

我几乎毫不犹豫地认为：每打你一次，我感到的痛楚都要比你更为久远而悠长。因为，重要的不是身累，而是心累……

孩子，听了你的话，我终于决定不再打你了。因为你已经长大，因为你已经懂了很多的道理。毫不懂道理的婴孩和已经很懂道理的成人，我以为都不必打，因为打是没有用的。唯有对半懂不懂、自以为懂其实不甚懂道理的孩童，才可以打，以助他们快快长大。孩子，打与不打都是爱，你可懂得？

第七篇　师爱无痕

当我拿到《做最好的老师》这本书，第一眼看到书的名字时，首先在我脑海中闪现的是怎么可能呢？这么多优秀的老师，再怎样努力也是不可能做到的。在读过了书的序言之后我才理解了这句话所蕴涵的深意：什么样的老师才是最好的老师呢？用李镇西老师的话说，"最好"就是"更好"，虽然这个"最好"永远达不到，但一个一个的"更好"，便汇成了一个人一生的"最好"。"做最好的自己"，强调的是自己和自己比，昨天的自己和今天的自己比，不断地超越自己——我今天备课是不是比昨天更认真？我今天上课是不是比昨天更精彩？我今天找学生谈心是不是比昨天更诚恳？我今天处理突发事件是不是比昨天更机智……他说："每天都不是最好的，甚至每天都有遗憾，但每天都这样自己和自己比，坚持不懈，我便不断地向'最好的老师'的境界靠拢。

作为一名老师，不是每个人都能做到最好，但是我们却可以要求自己做一个好老师。两千年前，一位先哲办私学、讲道义，揭开了中国教育的序幕。从此，我们知道了什么是"多闻阙疑"，明白何谓"三人之师"。教师，一个多么神圣的职业！岁月悠悠，横亘千古，伴随着一幅引人景仰的图像，走进这崭新的时代。而如今的新时代我们又该怎样做好教师？怎样做一个好教师呢？

在李老师的书中，第一个章节出现频率最高的字眼是"爱"字，最耐嚼的也是这一个"爱"字。是的，李老师说："爱是永恒的教育理念"。这"爱"说起来简单做起来"复杂"，在没有读李老师的书之前，我还浅薄的自信自己是"爱"学生的。读完这本书，我却不敢说我是"爱"着学生的了。李老师让我对爱学生的"爱"有了全新而深刻的理解：

爱，不单单是欣赏优秀的学生，而且还是怀着一种责任把欣赏与期待投向每一个学生。

爱，不应是居高临下的"平易近人"，而是发自肺腑的对朋友的爱。

爱，不应是对学生的错误严加追究，而是"博大的胸襟""对学生的宽容"。

爱，也不应是对学生的纵容，而是必然包含着对学生的严格要求，乃至必要的合理的惩罚。

爱，不只是关心学生的学习、生活、身体，而且还是要"善于走进学生的情感世界""理解学生的精神世界"

"学会用他们的思想感情投入生活，和学生一起忧伤、欣喜"。

爱，不仅仅是只对自己所教的这几年负责，而且还是对学生的成长以至未来一生的负责。

爱，不仅仅是对自己所直接教的学生的爱，还包括所有——外班的、其他年级的、甚至外校的学生的爱。

爱，不是用一颗成年人的心去包容一颗颗童心，而是需要一颗童心，用童心去碰撞童心。

爱就是"一份纯真，一份庄严，一份责任感"，就是民主，就是平等，就是把"童年还给童年"，就是为学生的"美丽人生"奠定美好的开端。

一个好教师的爱心能使少年儿童更健康地成长。在我们的学生中，有一批成绩优秀、才华出众的学生，对这些学生，教师的爱心特别要表现在锤炼其意志，帮助他们的心理得到健康成长。教师的爱心能使有缺陷和有特殊困难的学生信心倍增。对一些有生理缺陷或家境贫寒的学生，教师的爱特别要表现在关心和体贴上，使之摆脱自卑，增强信心和勇气。孔子对学生的体贴入微、关怀备至至今仍传为佳话。家贫的，他多方接济；有疾病的，他去看望；他在与所有学生交往中，态度谦和，平易近人，敞开心扉。学生对他的感情深厚，终身不忘。教师的爱心能使犯了错误的学生重新振作起来。用真心实意和深情融化他们心灵上久积而成的"坚冰",打开他们心灵的大门。

做一个好老师最基本的就是要爱学生,而爱学生就要了解他们。了解他们的爱好和才能,了解他们的个性特点,了解他们的精神世界。对一名好教师而言,只有了解了每个学生的特点,才能引导他们成为有个性、有志向、有智慧的完整的人。教育是人学,是对人类灵魂的引导。苏霍姆林斯基说得好:"不了解孩子,不了解他的智力发展,他的思维、兴趣、爱好、才能、禀赋、倾向,就谈不上教育。"爱学生就要公平对待所有学生,把每一个学生视为自己的弟子。据有关教师人格特征的调查,在学生眼里,"公正客观"被视为理想教师最重要的品质之一。他们最希望教师对所有学生一视同仁,不厚此薄彼,他们最不满意教师凭个人好恶偏爱,偏袒某些学生或冷落、歧视某些学生。公正是孩子信赖教师的基础。爱学生就要尊重他们的人格和创造精神,与他们平等相处,用自己的信任与关切激发他们的求知欲和创造欲。在教育过程中,教师是主导,学生是主体,教与学,互为关联,互为依存,所谓"教学相长""弟子不必不如师,师不必贤于弟子",一个好教师会将学生放在平等地位,信任他们,尊重他们,视他们为自己的朋友和共同探求真理的伙伴。

回首自己走过的路，不禁惭愧万分。读了李老师的书，仿佛进行了一次精神洗礼。我也愿做一名好老师，做一名有爱心的好老师。我希望从现在开始，努力做好每一件小事，争取今天比昨天做得更好，明天比今天做得更好！

第八篇　师爱的智慧

谈及教师工作，人们普遍认为"师爱"是关键，认为"爱"学生是做好教师工作的前提，"爱"要贯穿于工作的全过程。关于"师爱"的话题很多，经典论述也很多，人们不厌其烦地谈论着"爱"，"爱"成了教师工作中的永恒主题。

其实，对于教师而言，爱不是目的，只是手段。教师只有以责任为支点，通过爱的杠杆将文化信息传递给学生，去撬动学生进步的车轮，促进学生健康成长，这才是目的。而杠杆的撬动是需要智慧的，师爱的智慧在于如何去爱，如何把握爱。

一、爱生如人

爱生如人即像爱人一样爱学生。把学生当人看，而不是"盛装知识的容器"，不是"为某一特定社会作好准备"，更不是"自己晋职升迁的台阶"。学生就是他自己，有自身独特的生命内涵和成长过程，是一个值得敬畏的独特生命个体。

基于这一认识，我们需要秉持教育就是"生长"的理念，教师承载"园丁"的职能。"生长"是一种自在自发的过程，强调的是人的自然性。为此，教育必须遵循儿童的自然生长秩序，为儿童发展其固有的本性提供自由的环境；作为"园丁"的教师，则应视学生为独立的、有尊严的人，尊重他们的人格和差异，"因材施教"，并以爱为杠杆，把人类社会生活、交往的基本规范传递给学生，使他们更好地适应和融入人类生活，"学会做人"。

二、爱生如生

爱生如生即像爱学生一样爱学生。学生是未成年人，教育不要"陵节而施"，不要埋怨学生的无知，更不要抱怨学生犯错。因为"未完成性"和"不确定性"是未成年人最大的特质。

基于这一认识，我们需要秉持教育就是"发展"的理念，教师承载"先知先觉"的功能。"发展"注重学生主动性的激活和内在潜力的挖掘，强调未来愿景的可控性。知识的无限性和人类时间尤其是学生学习时间的有限性，要求我们教育者在遵循人的身心发展规律的前提下，建构终身教育体制，创建学习型社会，树立终生学习理念。作为"先知先觉"的教师，则应深刻理解自身承载的社会责任，视学生的"无知"为自然，正确理解"犯错也是学生成长的一种方式"，以爱为杠杆，把知识的积累及智能的开发对个人发展和社会发展的重要性传递给学生，教给学生学习的方法和技巧，尤其要养成良好的学习习惯，使学生"学会学习"。

三、爱生如子

爱生如子即像爱自己的孩子一样爱学生。把学生当自己的孩子，我们的工作便不再是"饭碗"，不再是"事业"，而是"良心工程"。基于这一认识，我们需要秉持教育就是"培养"的理念，教师承载"父辈"的功能。"培养"的教育是父母对孩子的细心"呵护"，辛勤"养育"，全身心的投入；作为"父辈"的教师，此时的爱既有慈祥也有严厉，有娇宠更有期待，著名作家魏巍笔下的教师就是如此。我们要重点培养学生的独立意识。"生存"是普天之下所有父母对孩子的第一期望，每一位家长把孩子送到学校，他们首先关心的不是孩子的学习，而是健康。因此，我们不要以"学习"为借口去伤害孩子的"健康"，因为，那不是孩子和家长所要的，更不是社会所希望的。教师要以爱为杠杆，严慈相济，精心呵护，把生活的技能和常识传递给学生，使他们"学会生存"。

四、爱生如友

爱生如友即像爱朋友一样爱学生。把学生当朋友，就不要处处时时追求"师道尊严"，不要"规训"学生，更不要"命令"学生。

基于这一认识，我们需要秉持教育就是"合作"的理念，教师承载"伙伴"的功能。"合作"要求教育奉行民主管理、公平竞争。作为"合作伙伴"的教师，要通过民主协商来管理班级，要和学生建立深厚的友谊；要让学生认识自然的多样性和相互依存性，理解人与自然共生共存的天理；要教会学生正确认识自己，了解他人，树立人人平等的价值观；懂得集体的生存价值，合作共赢的重要性。学生要学会肯定别人、尊重别人、欣赏别人；学会正确的自我调节，找到自己在集体中的位置和角色。教师要以爱为杠杆，把人与人之间的相互关爱、相互帮助、相互体谅、相互支持的合作精神传递给学生，使他们"学会共处"。

五、爱生如己

爱生如己即像爱自己一样爱学生。把他人当自己，就是要设身处地地为他人着想，心理学上叫"换位思考"，其妙处自不待言。把学生当自己，我们就会理解学生的"自立性"，尊重成长中的个人意愿与主观能动性。基于这一认识，我们需要秉持教育就是"生成"的理念，教师则承载"重要他人"的功能。"生成"表示儿童的成长是作为主体的人与对象性客体相互作用的结果，相信人成长过程中的偶然性和随机性。"生成"教育要求激发学生自身的成长需求，主动发展；要教会学生在纷繁复杂的世界里学会选择，选择他们自己的生活，选择他们自己的道路，选择他们自己的事业。作为"重要他人"的教师，要爱岗敬业，以身示范，把创业精神和创业技能传递给学生，使他们"学会做事"。

师爱的内涵如此丰富，意义如此深远，唯有用智慧将这份爱编码，用精密的讯号，通过畅通的渠道，才能让学生用心去正确解读。没有智慧的爱会演化成一种苍白的爱，没有智慧的爱在传递的过程中会被曲解，导致溺爱甚至错爱，智慧的爱则是深沉的爱，是博爱、大爱。教师唯有用智慧去撬动爱的杠杆，才能真正促进学生健康成长。

　　大爱无言，却深沉凝重，它要用责任和精神作依托；大爱无声，却馨香远播，它要用汗水与泪水来浇灌；大爱无形，却有迹可循，它要用理论与实践作支撑。智慧的师爱永远是教育深广的根基，有了这样的根基，攀登起来才会身轻步健，才会凌绝顶而览众山。

第九篇 教书育人、爱生如子

我自参加工作以来，一直从事初中政治教学工作，并多次担任初三政治教师、教研组组长、备课组长及班主任工作。

多年的风雨磨砺，我从教育战线上的一名新兵迅速成长到校骨干教师。这些年来，我以满腔的热情、坚忍不拔的毅力、执着的信念，在不平坦的道路上披荆斩棘，勇往直前，在三尺讲台上干出一番喜人业绩。逝去的岁月，曾付出许多心血，但我更多的感受是充实和快乐。

作为一名积极上进的青年教师，且多年担任政治教研组组长，我深知自己肩负的重任。工作中，我以身作则，每天坚持早来晚走，乐于为同事服务，真正发挥排头兵的作用。

平时，除虚心向经验丰富的老教师请教外，我勤于探索，大胆实践，不断更新课堂结构，优化教学方法，边实践边反思。几年来，我节省下有限的工资，自费订阅了《参考消息》等十几种杂志，从中吸取有用的东西，并创造性地运用到教学实践中，提升自己的理论水平、管理水平和教学水平。

记得有一年暑假，我为了更高效地提高自己的能力，我不顾女儿期待的目光，放弃了假日，自费去北京参加了北京大学附属中学举办的中学语文教师培训活动，十天的高温天气，并没有影响我的学习热情，我做了上万字的笔记；同年，我主动自费购买了电脑，上网搜索相关教学资源，承担我校第一届网络班的教学工作。多年来，我牺牲了无数休息日，外出学习、听课。

功夫不负有心人。在领导的关怀、同事的帮助和自身努力下，我多次讲授校、市公开课，并取得显著成绩。

"一花独放不是春，百花齐放春满园"。工作中，我随时帮老教师做力所能及的工作，如批改作业、阅卷等；对于年轻教师，我总是毫无保留地把自己的教学经验、教训告诉他们，使他们尽快成长。可以说，我的工作得到了领导、教师和学生的一致认可。在学校每年的教材考试、学生问卷、教师民意评估中，我的成绩大多数居校第一名。参加工作以来，我一直被评为校优秀教师。

第十篇　做学生喜欢的老师

　　做学生最喜欢的老师，上学生最喜欢的课，是每个教师都追求的目标，也是我所追求的目标，在教学中，我尝试着努力做一名学生最喜欢的老师。那么，如何成为学生最喜欢的老师呢？

　　我觉得，首先，一位老师能够像磁铁一样牢牢地吸引学生，靠的就是他的人格魅力。教师对学生有潜移默化的影响，教育者本身就是一本非常珍贵的教科书，大到世界观、人生观，小到一举手一投足，都渗透在整个教育过程中，如果我们能以自己的人格品质吸引学生，令学生钦佩，那么，我们的教育就已经向成功迈进了一大步。平时，遇到有的学生肚子不舒服，我会把他叫到跟前，帮他揉一揉；有的学生感冒了，我会用自己的脸贴近学生的额头，试一试他是否发烧；有时遇到学生值日不认真，我会拿起笤帚，和他们一起扫；有的学生进步了，我会送上一句鼓励的话语；还有，捡起学生掉在地上的铅笔，扶起不慎摔倒的学生，帮放学时匆忙穿衣服的学生拉上拉链，奖励在运动会上付出努力和汗水的学生一个小小的笔记本……我看过这样一句话：教育无小事，事事都育人。我想教师的人格魅力可能就体现在这样一件件小事上。

其次，教师能够以宽广的胸怀博爱每一位学生。教师的爱如同阳光普照大地，如同雨露滋润万物，但是，爱并不意味着迁就，而是严而有爱，爱而从严。只要充满爱，学生一定会喜欢。我班的赵宇航同学，是一位非常调皮的学生，学习成绩较差，还经常打架。有一次，我开会回来，刚进教室同学们就告诉我，赵宇航打哭了班上的四个同学，我当时非常生气，可又有开会的事要向同学们讲，我就说："你先等着，我一会儿找你。"下课后我把他叫到办公室，本来想发火，可转念一想，以前发火也没有多大效果，今天换一种方式吧，我顺手拿过一个凳子放在他面前说："坐下吧。"他愣了一下，然后慢慢地坐下了，而且只坐了凳子面的一半，我看他紧张的样子，就拍拍他的肩膀，说："没关系，坐吧。"他这才坐好了，我亲切地问："你家住在哪儿？爸爸妈妈干什么工作？中午在学校能吃饱吗？"正巧他那天穿着一套武术队的运动服，我就问："你学过武术吗？"他说"是"，我又问："学了几年了？"他说："学了三年了。"我又问："那你学武术是为了什么？"他说："为了锻炼身体。"我说："那你好好练，等

117

下一次学校举行特长展会时，请你代表我们班来一套武术表演，怎么样?"他的脸上终于露出了笑容，干脆地说："行。"看他高兴的样子，我接着说："那你告诉老师今天是怎么回事。"没等我的话说完，他就说："老师，是我的错，我扔废纸，他们说老师不让上课扔，等下课再扔，我就打了他们，我错了。"我说："知道错了就好，一会儿向那几位同学道歉，好不好?"他连忙说："好"。临走时，他把凳子轻轻地放在桌子下面，还说了一声："谢谢老师。"在以后的几天里，我发现他的学习有了很大的进步，我庆幸自己那天没有发火。我觉得学生最关心的是教师对他的看法，最大的愿望是受到老师的关心和爱护，当我们面对学生时，尤其是那些似乎充满缺点的学生时，如果能尽量发现他们的优点，然后真诚地去赞赏他们，就会激发他们内心深处的希望和信心，鼓励他们奋发向上。我记得一位优秀教师说过这样一句话："打着灯笼寻找学生的优点，用显微镜来观察学生的'闪光点'，尽可能地创造条件让学生有展示自我的机会，满腔热忱地欢迎每个学生的微小进步。"

再次，作为一名教师应具有很高的业务素质，渊博的专业知识是对教师的基本要求，教师还应该是一位心理学专家，及时了解学生的心态，掌握学生的思想脉搏，能够分享每一位学生的喜怒哀乐，这样才能有的放矢，以最佳的方法解决问题，赢得学生的信任与尊敬。

最后，在工作中，我会继续努力地实现自己的目标：做一名学生最喜欢的老师。

第十一篇　以人为本的学生评语事例

一、你可以算得上是我们班里最聪明的学生，无论什么事情，似乎总是难不倒你，但学习上，老师却要送你一句话："宝剑锋从磨砺出，梅花香自苦寒来。"

二、踏实刻苦，多读精思是你的学风；热情开朗，关心集体是你的人生态度。每次我们交谈，你那敏锐的见解都让我为有你这样的学生而感到欣慰。你赢得的不仅仅是掌声，还有老师信任、同学的敬佩。在成绩面前，你是否又有了新的奋斗目标了？老师在时刻关注着你。

三、你是一个非常聪明但又很调皮的男孩。你思维活跃，善于思考，表达力很强。课堂上常给人以惊喜。作业本上那端正而又有笔锋的字体让同学很佩服。学习上你很努力，总能不折不扣地完成老师布置的任务。老师多么希望你能和同学们和睦相处。

四、家庭环境或许对你产生了较大的影响，但你应该看到，在班级这个大家庭中，每位同学都有一颗炽热的爱心，只是你紧闭的心扉阻隔了那股暖流。打开你的心扉，阳光和爱心会融化一层层冰棱，不久之后，你就可看见一道美丽的彩虹。一切都会好起来的！

五、一年来，你勤奋好学，对同学友好，对老师尊敬，是受人喜爱的同学。学习上还不应满足，要多向同学老师学习，争取有一个较大的转变，相信你，你的成绩将和你的个子一样"出人头地"。

六、你尊敬老师，团结同学，学习较为积极刻苦，但学习成绩不是太让老师和家长满意，希望你新学年中不骄不躁，继续努力。早晨要早起哟！

七、刻苦奋进的你这次考试怎么后退了？是不是自己骄傲了？"功亏一篑"的道理我们该懂吧！老师知道你是一个坚强的男子汉，这次考试绝不会让你受挫，是吗？相信你在下一次会重振雄风。

八、有时我想，你怎么这样内向，快一年半了，还没听你跟老师问过一个问题；有时我也想，瞧你平时规规矩矩的，学习也很自觉，怎么学习成绩总提不上去，是课后没有用功呢，还是方法不对？你能自己总结一下，然后告诉我好吗？或许我能帮帮你呢。

九、顽皮机灵的你充满了阳光般的朝气与热情。你积极参加班级的各项活动，是一个十分讨人喜欢的学生，用"少年不识愁滋味"来形容你再恰当不过了，老师希望你能够永远无忧无愁，但更希望你这三年能掌握过硬的知识和本领，面对明天的挑战。

十、运动场上你奔驰如飞，为班级争得了不少荣誉。但在运动场外你却表现得不太好，有时还有违规的行为。老师知道你爱玩好动，这不是缺点，不是过错。错的是你在不该玩的时候玩，为此你也受了不少批评。老师希望你在假期好好思考，为什么自己不能在各个方面都表现得非常好？

十一、你是个聪明的男孩，具有一定的才华。课堂上你也常出人意料地说出惊人妙语，老师不禁为你感到骄傲。可是你知道吗？要想成才，必须和"勤奋"交上朋友，不是有句话"勤奋出天才"吗？相信聪明的你一定知道自怎么做吧！老师期待着你给老师和同学带来惊喜。

十二、这一年中，我们留下了太多的遗憾，我们不应该再把这些带到新学年吧！聪明的我们，不应该让我们的能量白白流失了，用我们的青春，努力拼搏。你已经开始努力地做了，相信随着时间的流逝，你会证明你是有能力的。